U0442144

江西省“十四五”哲学社会科学规划项目：《景村融合背景下乡村振兴的模式及其效应研究》（22JL14D）；

江西省社科基金科普专项课题：《古村落家园——江西古村的数字记忆与传播》（22KP03）

本书系以上课题的阶段性成果之一

高等院校应用型人才培养“十四五”规划旅游管理类系列教材

九江特色文化村镇

Jiujiang’s Distinctive Cultural Villages and Towns

主编◎李松志　雷　彬　陈海龙

華中科技大學出版社
http://press.hust.edu.cn
中国·武汉

内 容 提 要

本书以九江特色文化村镇为对象，系统探讨了这些村镇在区域经济发展、文化传承和旅游开发等方面的价值与作用。全书分为特色文化小镇和特色文化村落两个部分，通过深入调研和实地考察，精选了10座特色文化小镇和20处特色文化村落进行详细介绍。

本书展示了九江村镇的历史沿革、风土人情、名胜古迹和自然地貌，深入剖析特色村镇在新型城镇化战略和乡村振兴战略中的重要性。通过生动的文字和精美的图片，读者能够感受到九江村镇的独特魅力和深厚底蕴，进而引发其对村镇文化和村镇发展的关注。

本书旨在为读者了解和探究九江村镇特色文化提供窗口和参考，为推进文化旅游发展和乡村振兴战略实施贡献力量。本书可作为旅游管理、人文地理等相关专业学生的辅导教材，帮助学生更加深入地了解九江村镇的特色文化和发展状况。

图书在版编目(CIP)数据

九江特色文化村镇 / 李松志，雷彬，陈海龙主编 . -- 武汉 ：华中科技大学出版社，2025. 1. -- ISBN 978-7-5772-1335-4

Ⅰ. K295.65

中国国家版本馆CIP数据核字第20245BX518号

九江特色文化村镇

Jiujiang Tese Wenhua Cunzhen

李松志　雷　彬　陈海龙　主编

策划编辑：王　乾

责任编辑：王　乾

封面设计：原色设计

责任校对：刘　竣

责任监印：周治超

出版发行：华中科技大学出版社(中国·武汉)　　电话：(027)81321913

武汉市东湖新技术开发区华工科技园　　邮编：430223

录　　排：孙雅丽

印　　刷：武汉科源印刷设计有限公司

开　　本：787mm×1092mm　1/16

印　　张：9.75

字　　数：205千字

版　　次：2025年1月第1版第1次印刷

定　　价：59.80元

出版说明

Publication Note

党的十九届五中全会确立了到2035年建成文化强国的远景目标，明确提出发展文化事业和文化产业。“十四五”期间，我国将继续推进文旅融合，实施创新发展，不断推动文化和旅游发展迈上新台阶。2019年和2021年先后颁布的《国家职业教育改革实施方案》《关于深化本科教育教学改革全面提高人才培养质量的意见》《本科层次职业教育专业设置管理办法(试行)》，强调进一步推动高等教育应用型人才培养模式改革，对接产业需求，服务经济社会发展。

基于此，建设高水平的旅游管理专业应用型人才培养教材，将助力旅游高等教育结构优化，促进旅游专业应用型人才的能力培养与素质提升，进而为中国旅游业在“十四五”期间深化文旅融合、持续迈向高质量发展提供有力支撑。

华中科技大学出版社一向以服务高校教学、科研为己任，重视高品质专业教材出版。“十三五”期间，在教育部高等学校旅游管理类专业教学指导委员会和全国高校应用型本科旅游院校联盟的大力支持和指导下，在全国范围内特邀中组部国家“万人计划”教学名师、近百所应用型院校旅游管理专业学科带头人、一线骨干“双师双能型”教师，以及旅游业界精英等担任顾问和编者，组织编纂出版“高等院校应用型人才培养‘十三五’规划旅游管理类系列教材”。该系列教材自出版发行以来，被全国近百所开设旅游管理类专业的院校选用，并多次再版。

为积极响应“十四五”期间我国文旅行业发展及旅游高等教育发展的新趋势，“高等院校应用型人才培养‘十四五’规划旅游管理类系列教材”应运而生。本套教材依据文旅行业最新发展和学术研究最新进展，立足旅游管理应用型人才培养特征进行整体规划，对高水平的“十三五”规划教材进行修订、丰富、再版，同时开发出一批教学紧缺、业界急需的教材。本套教材在以下三个方面做出了创新:

一是紧扣旅游学科特色，创新教材编写理念。本套教材基于旅游高等教育发展新形势，结合新版旅游管理专业人才培养方案，遵循应用型人才培养的内在逻辑，在编写团队、编写内容与编写体例上充分彰显旅游管理应用型专业的学科优势，有利于全面提升旅游管理专业学生的实践能力与创新能力。

二是遵循理实并重原则，构建多元化知识结构。在产教融合思想的指导下，坚持以案例为引领，同步案例与知识链接贯穿全书，增设学习目标、实训项目、本章小结、关键概念、案例解析、实训操练和相关链接等个性化模块。

三是依托资源服务平台，打造新形态立体教材。华中科技大学出版社紧抓“互联网+”时代教育需求，自主研发并上线的华中出版资源服务平台，可为本套教材作立体化教学配套服务，既为教师教学提供便捷，提供教学计划书、教学课件、习题库、案例库、参考答案、教学视频等系列配套教学资源，又为教学管理提供便捷，构建集课程开发、习题管理、学生评论、班级管理等于一体的教学生态链，真正打造了线上线下、课内课外的新形态立体化互动教材。

本编委会力求通过出版一套兼具理论与实践、传承与创新、基础与前沿的精品教材，为我国加快实现旅游高等教育内涵式发展、建成世界旅游强国贡献一分力量，并诚挚邀请更多致力于中国旅游高等教育的专家学者加入我们！

华中科技大学出版社

前言

Preface

特色文化村镇，作为我国社会经济发展中的一种新型产业组织形态，对于优化产业结构、生产力布局、空间资源配置和深化供给侧结构性改革具有重要推动作用，是统筹实施乡村振兴战略和新型城镇化战略的重要路径选择。建设特色文化村镇是搭建城乡发展一体化的基本平台的有效举措，可以极大地促进大中城市、小城镇以及城乡的协调发展。加快特色文化村镇建设步伐，已成为破解城乡二元结构的重要抓手，也是帮助群众过上美好生活的迫切需要。特色文化村镇建设是对治理要素的综合利用，能有效回应多元化公共服务的诉求，有助于理顺政府、市场与社会的关系。

特色文化村镇承载着民众对美好生活的向往，是解决“三农”问题的重要途径，建设特色文化村镇更是城乡一体化建设的新方向。21世纪以来，我国城市化发展高歌猛进，人们离开村镇，远离乡土，向城市聚集，村镇逐渐衰败和没落，“乡愁”变淡了，“愁乡”加重了。村镇的未来在哪里？村镇还有没有存在的价值？怎样理解和挖掘村镇的价值？近年来，村镇的命运受到社会的广泛关注，党和国家高度重视乡村和小城镇的发展，村镇价值的挖掘和乡土文化的认同与保护成为新的时代课题。

农耕文化是中华优秀传统文化的重要根基，体现着乡土社会中关于人与人、人与社会、人与自然关系的思维方式、价值观念、生活方式、行为规范等知识与经验。村镇正是农耕文化的承载地。村镇介于城市与荒野自然之间，是文化与自然之间的缓冲。村镇在尊重自然、顺应自然、保护自然中不断发展，蕴含着丰富的生态文化、农业文化和社会文化价值。人们只有走进乡野田间，漫步小镇巷道，才能真正感受“雉雊麦苗秀，蚕眠桑叶稀”“雨里鸡鸣一两家，竹溪村路板桥斜”的生活图景；通过规划村镇选址布局，选择合适的民居建造工艺，才能更加深刻地理解什么是因地制宜，什么是人与自然和谐共生。村镇同时也是我国传统文化的载体和宝库，这里不仅有祠堂、家谱、地方风俗、地方服饰、美食、地方戏曲、故事传说、雕塑绘画等社会文化，也有农耕种植、节日时令、农业信仰、编织、酿造等农业文化。传统文化村镇深刻体现了传统与现代的交融，人与自然的和谐共生。

九江是一座千年古城，山川灵秀，江环湖绕，庐山钟灵毓秀，鄱阳湖烟波浩渺，山水含灵，人文灿烂。在这片近2万平方千米的土地上，孕育了许多特色文化村镇，它们或古朴典雅，或风情浓郁，或产业兴旺……它们皆以各自独特的方式诠释着九江的地域文化和历史底蕴。

本书旨在带领读者走进这些充满魅力的村镇，感受它们的历史脉络、风土人情、自然景观和文化内涵。全书主要分为特色文化小镇和特色文化村落两个部分，精心遴选出10座特色文化小镇和20处特色文化村落进行介绍。从“云中山城”庐山牯岭镇、“赣北旅游第一镇”星子县海会镇，到“中国候鸟小镇”永修县吴城镇、“豆香小镇”湖口县流芳乡，再到拥有万亩油菜花海盛景的彭泽县棉船镇，每一座特色文化小镇和每一处特色文化村落都散发着独特的魅力。本书还深入挖掘了修水县箔竹村、都昌县鹤舍村、彭泽县岚陵村等国家级传统村落的文化内涵，以及武宁县长水村、东山村、双新村等文化旅游村的特色风情，更有袁隆平院士的故乡袁家山村、“天下第一家”义门陈氏祖籍德安县义门陈村等名人文化村的精彩故事。

本书通过图片和文字，从不同侧面，对特色村镇的历史沿革、风土人情、名胜古迹、自然地貌等进行展示和诠释，为公众了解、检索和探究九江村镇的特色文化提供了参考，同时希望能唤起更多人对村镇文化和村镇发展的关注与热爱，共同探究和发掘村镇更多的文化价值。

本书编写分工如下：李松志教授编写提纲，并编写第一章、第二章、第三章、第四章和第七章；陈海龙博士编写第五章；雷彬博士编写第六章；魏伟新老师提供了部分素材；曹良中博士、雷彬博士承担无人机航拍图片工作。在实地考察、走访调研和编写过程中，编写团队得到了九江市各区乡镇政府、文旅局及九江学院的大力支持和帮助，文中也引用了其他一些作者的观点和文献，在此表示衷心的感谢！愿本书能够成为读者了解九江的一扇窗口，带领读者领略村镇文化的无穷魅力。

作者

2024年8月12日

目录

Contents

Note

Note

Note

Note

Note

第一章
中国特色文化村镇及其形成

究天人之际，通古今之变。

——司马迁

学习目标

（一）知识目标

1. 掌握中国特色文化村镇的定义、形成背景及其在中国传统文化中的地位。

2. 熟悉中国古代四大名镇（湖北汉口镇、江西景德镇、广东佛山镇、河南朱仙镇）的历史沿革、地理位置、文化特色及其对当地和全国的影响。

3. 了解九江特色文化村镇的类型划分及其评价体系，包括地方文化、传统魅力、地方特色和原生态文化等方面。

（二）能力目标

1. 能够通过实地调研、文献查阅等方式，分析并归纳出不同文化村镇的特色及其形成机制。

2. 能够运用所学知识，对文化村镇进行初步的分类和评价，提出保护和发展的建议。

3. 培养团队合作能力，学会在调研和分析过程中进行有效的沟通与协作。

（三）德育目标

1. 弘扬中华优秀传统文化，增强对国家和民族的文化自信与自豪感。

2. 增强保护意识，尊重和保护文化村镇的历史遗产，维护其可持续发展。

3. 强调服务地方的责任感，积极参与乡村振兴和文化传承工作。

4. 培养家国情怀，关注文化村镇居民的生活状态，促进文化村镇与社会的和谐发展。

在我国数千年的聚落发展史中,形成了数量众多、形态各异、内涵丰富的古村、古镇。这些村镇以其独特的建筑风格、丰富的文化遗存和鲜活的地方特色,成为展示中华优秀传统文化的重要窗口。

在众多的文化村镇中,湖北汉口镇、江西景德镇、广东佛山镇、河南朱仙镇等村镇堪称典范。它们或以古朴典雅的建筑风格著称,或以悠久的历史文化闻名,或以独特的手工技艺吸引访客。这些特色文化村镇历经千年而依然保持着顽强的生命力,不仅保留了大量的历史建筑、传统手工艺和民俗活动,而且传承了中华民族的精神谱系,是中华民族传统文化的重要组成部分,是传承历史、弘扬文化的重要载体和宝贵财富,更成为连接过去与未来的文化纽带。

第一节　中国四大古镇

我国历史上曾涌现出众多有代表性的村镇,其中,湖北汉口镇、江西景德镇、广东佛山镇、河南朱仙镇在明清时期曾被誉为“天下四大名镇”。这四个市镇以各自的特色产业和文化底蕴而著称。汉口镇作为商业中心繁华一时,佛山镇则以发达的手工业著称,朱仙镇以精美的版画和年画闻名,而景德镇则以瓷器享誉海内外。“天下四大名镇”不仅是明清时期经济和文化的重要节点,也是我们了解和研究当时社会、经济、文化的重要窗口。

一、湖北汉口镇——东方芝加哥

作为曾经的“天下四大名镇”之首,汉口镇也是武汉三镇(武昌镇、汉口镇、汉阳镇)中历史底蕴最深厚、经济实力最强的一个。从明朝成化年间的汉江改道,到清朝晚期京汉铁路的修建,汉口凭借其得天独厚的地理优势和水陆交通的便捷,逐渐崛起,成为全国南北贸易的枢纽和内河航运的中心。

在民国时期,汉口是重要的商业中心和交通枢纽,经济较为发达,被誉为“东方芝加哥”。这一时期的汉口,商业繁荣,百业兴旺,吸引了无数商贾名流汇聚于此。江汉路步行街、中山大道等商业街区人流如织,各种商品琳琅满目,成为当时全国极为繁华的商业中心之一。

如今的汉口,人口稠密、商业繁华、时尚新潮,同时仍保留着许多独特的历史文化遗存。江汉路步行街贯通中山大道、京汉大道,北至解放大道,是武汉著名的百年商业老街。江汉关庄重典雅,是武汉近代标志性建筑之一。位于武汉市硚口区张公堤公园西段的汉口里,以汉口开埠百年为脉络,浓缩了百年前大汉口历史文化风貌,复原了晚清民初汉正街、大夹街、长堤街、花楼街等代表性建筑、文化、商业形态,重建了山陕会

馆、江西会馆、广东会馆、汉口大旅馆等具有代表性的老建筑(见图1-1)。此外,还将武汉众多耳熟能详、拥有百年历史的"老字号"汇聚于此,再现了老汉口最具代表性的商业与生活形态。

图1-1　武汉汉口里街区(拍摄于汉口)

扫码看彩图

今天,汉口作为武汉市中心城区的重要组成部分,依然是中国中部地区极为重要的商业中心、金融中心和交通运输枢纽。汉口的商业氛围依然浓厚,商业活动层出不穷,吸引了大量国内外投资者和游客前来投资兴业、观光旅游。汉口的金融机构林立,各类银行、证券公司、保险公司等金融机构齐聚于此,为武汉乃至我国中部地区的经济发展提供了强有力的金融支持。此外,汉口还拥有便捷的交通运输网络,包括铁路、公路、水路和航空等多种交通方式,为全国的物流运输和人员往来提供了便利条件。

汉口的历史文化底蕴与现代都市魅力交相辉映,使其成为一个充满活力和魅力的城区。游客无论是漫步在历史悠久的老街区,还是徜徉在繁华的现代商业街区,都能感受到汉口独特的魅力和深厚的文化底蕴。汉口的辉煌历史和未来可期的发展前景,将继续吸引人们的关注。

二、江西景德镇——世界瓷都

景德镇,这座拥有千年历史的古城,因瓷而生,因瓷而盛,被誉为"世界瓷都"。从东晋时期的昌南镇到如今的景德镇市,陶瓷文化一直是这座城市的灵魂和根基。

历史上,景德镇的瓷器以其精湛的工艺和独特的风格赢得了世界的赞誉。宋朝时期,景德镇瓷器已崭露头角,并且通过海运外销海外。宋景德年间,宋真宗赵恒命昌南镇烧制御器,器底书"景德年制"款,因瓷器质地优良,宋真宗赐名昌南镇为景德镇,自此"景德镇瓷器"美名远扬。元朝时期,景德镇凭借"二元配方"(高岭土、瓷石按比例配置),烧制出洁白如玉的瓷器,深受蒙古贵族的喜爱。1278年,元朝政府在此设立官窑,

景德镇瓷器开始走向辉煌。

明朝洪武二年(公元1369年),朝廷在景德镇设御窑厂(见图1-2),将"青花瓷"选入皇家用品,景德镇瓷器开始有了"国字号品牌"。清朝雍正时期的景德镇,瓷器工艺达到炉火纯青、出神入化的顶级水平,景德镇也进入历史的高光时期。当时的景德镇,是中国重要的制瓷中心,其经济贡献在当时的国内处于较高水平,对清朝的经济发展起到了重要的推动作用,五湖四海的人们汇聚小镇以谋求生计。

图1-2 景德镇御窑厂遗址(摄于景德镇)

扫码看彩图

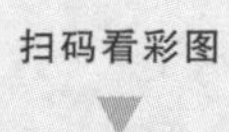

然而,从乾隆中期开始,景德镇瓷业逐渐陷入低迷期。晚清时期,随着国力的衰退和西方工业文明的冲击,景德镇瓷业更是日趋衰落。即便如此,景德镇人民依然坚守着陶瓷文化,传承着千年瓷都的荣耀。

景德镇既是世界唯一因陶瓷而繁荣千年的城市,也是中国乃至世界较早实现工业化的一座城市。时至今日,陶瓷文化依然弥漫在这座老城的每个角落,构成了瓷都独特、珍贵而完整的文化遗产体系。截至2024年11月,景德镇老城区有瓷业遗址160处、老里弄108条、全国重点文物保护单位12处、非遗生产性保护基地45个,堪称"世界陶瓷文化遗产样本区"。

目前,景德镇正积极创建景德镇国家陶瓷文化传承创新试验区,大力推进以御窑遗址为核心的世界文化遗产申报工作,将御窑厂遗址、落马桥窑址、湖田窑遗址、乐平南窑古瓷窑址、高岭土矿遗址、东埠码头这6处典型历史遗迹作为遗产构成要素进行整体申报。御窑厂遗址已经被列入"中国世界文化遗产预备名单",拿到了申遗"入场券"的景德镇,正加快各项申遗工作,力争早日被列入世界文化遗产名录。

此外，景德镇还致力于推进陶瓷产业升级和与其他产业的深度融合。通过发掘陶瓷文化的深层价值，促进陶瓷产业与工业、旅游、文化、科技、生态等领域的融合发展，景德镇正努力打造世界级的陶瓷文化旅游目的地和陶瓷产业创新中心。

今天的景德镇，正站在新的历史起点上。她以千年的陶瓷文化为底蕴，以创新的姿态迎接世界的挑战。未来的景德镇，必将重塑“世界瓷都”的辉煌，实现“千年古镇”的伟大复兴。

三、广东佛山镇——中国武术之乡

佛山，一个具有悠久历史和灿烂文化的古城，是“南国陶都”“中国陶瓷名都”，制陶工艺源远流长，自古有“石湾[①]瓦，甲天下”的美誉。

作为“南国陶都”，佛山的制陶工艺历经千年的传承与发展，至今仍保持着独特的魅力。这里的陶瓷产品以其精湛的技艺、别致的造型和深厚的文化内涵，赢得了全球的赞誉。特别是石湾瓦，作为佛山的代表性陶瓷，其细腻、坚韧的质地和艳丽多变的色泽，无不展现出佛山陶瓷的精湛工艺和独特魅力。建于明代正德年间的南风古灶，是世界现存最古老的连续使用至今的柴烧龙窑，薪火相传至今500多年，被誉为“陶瓷活化石”，见证了佛山陶瓷业的辉煌历史。

佛山也是闻名中外的“武术之乡”，是中国南派武术的主要发源地。世界上广泛流行的蔡李佛拳、洪拳、咏春拳等不少拳种和流派的根都在佛山，著名武术大师黄飞鸿，咏春宗师梁赞、叶问，影视武打明星李小龙（见图1-3）等祖籍及师承亦在佛山，他们的传奇故事和武术精神成为佛山武术文化的重要组成部分。

图1-3　佛山李小龙雕塑图（拍摄于佛山）

扫码看彩图

① 石湾，具体指如今广东省佛山市禅城区石湾镇街道。

此外，佛山还是“狮艺之乡”，是南狮的发源地，是首个“中国龙狮龙舟运动名城”。龙狮起舞融合了武术、舞蹈和音乐等元素，展现出佛山人民勇敢、豪放的精神风貌，是佛山武术重要项目之一，每年的“狮王争霸赛”都吸引了国内外广大武术爱好者参与，成为佛山文化的一大特色。

明清时期的佛山极为繁盛，与北京、汉口、苏州并称“天下四大聚”，民国以前是广东的第二大城市。如今，佛山作为广东省的地级市和经济中心之一，依然保持着强劲的发展势头。它是珠三角地区西翼的经贸中心和综合交通枢纽，也是中国重要的制造业基地之一。特别是佛山的陶瓷、家电、家具等产业，在全国乃至全球都享有盛誉。

除了经济繁荣，佛山还是一座充满历史韵味和文化底蕴的城市。这里保存着大量的古建筑、古村落和传统文化遗产，如独具岭南特色的镬耳屋、精美的砖雕和木雕等。这些文化遗产不仅见证了佛山的历史变迁和文化传承，也为这座城市增添了独特的魅力和韵味。

总的来说，佛山是一座充满活力和魅力的城市。在这里，“南国陶都”的辉煌与中国武术的璀璨交汇在一起，共同铸就了这座城市独特而精彩的文化篇章。无论是品味陶瓷艺术的精湛之美，还是感受武术文化的博大精深，佛山都会让人流连忘返、心驰神往。

四、河南朱仙镇——木版年画之乡

朱仙镇(见图1-4)，这个隶属于河南省开封市祥符区的古镇，历史悠久，文化底蕴深厚。史书记载，这里曾是战国名士朱亥的食邑和封地，因而得名朱仙镇。

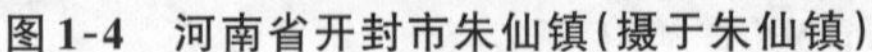
图1-4　河南省开封市朱仙镇(摄于朱仙镇)

扫码看彩图

Note

朱仙镇崛起于北宋，凭借紧邻都城开封的漕运之利，运粮船、商船络绎不绝，各路商贾云集，得到了发展并逐渐繁荣起来。到了明清时期，朱仙镇成为"南船北车"的转运处和货物集散地，当时从南直隶（其范围大致为整个江苏省、上海市和安徽省地区）淮安府经朱仙镇到开封的路线，是仅次于北京到南京水路的第二重要的水路，西北的皮毛、铁器，江南的丝绸、茶叶都需要从朱仙镇中转，使得朱仙镇成为名副其实的中原商业重镇。鼎盛时期的朱仙镇人口超过20万，白天车水马龙，夜间灯火辉煌，镇内店铺、商号鳞次栉比，百货云集。

然而，到了清朝末年，受黄河决堤等自然因素的影响，运河被堵塞，朱仙镇的交通优势丧失，逐渐走向没落。尽管如此，朱仙镇依然保留着丰富的历史文化遗产。其中，朱仙镇木版年画便是其中的瑰宝。

朱仙镇木版年画是全国四大年画之一，工艺制作极为讲究，具有造型夸张、线条粗犷、色彩艳丽等艺术特色，题材多为吉庆和戏曲故事，是中原地区具有代表性的民间艺术，被誉为中国民间艺术与古代印刷术"活化石"，具有很高的历史文化、艺术收藏和观赏价值。2006年，朱仙镇木版年画被列入第一批国家级非物质文化遗产名录，体现了其在中国传统文化中的地位。

此外，朱仙镇还拥有丰富的历史遗迹。朱仙镇是名将岳飞的"岳家军"和元朝军队大战的主战场，现有建于明代的岳飞庙，庙里存有年代最久远的岳飞夫妇像和国内仅存的岳飞手迹碑，吸引了众多游客前来瞻仰。镇内有110多处的寺庙建筑，如关帝庙、郎神庙等，见证了朱仙镇历史上的繁荣与辉煌。而今天的朱仙镇显得颇有些落寞，为了重整旗鼓，再现往日辉煌，近年来地方政府加大了对木版画、旅游业的投入力度，深入挖掘文化特色资源，推动文化旅游融合发展。通过举办木版年画展览、文化节等活动，提升朱仙镇的知名度和影响力；同时加强旅游基础设施建设和服务水平提升，吸引更多游客前来观光旅游、体验传统文化。

在各方的努力下，朱仙镇的文化旅游业逐渐呈现出蓬勃发展的态势，越来越多的游客被这里浓厚的文化底蕴吸引，纷纷前来感受古镇的魅力。未来，随着文化旅游产业的进一步深入发展，相信朱仙镇将重现往日辉煌，成为中原地区一颗璀璨的明珠。

第二节　中国特色文化村镇形成影响因素

中国特色文化村镇的形成受到多种因素的影响，这些影响因素包括自然因素、人文因素、社会因素和文化因素等多个方面，它们相互交织、相互影响，共同塑造了中国特色文化村镇的独特风貌和魅力。

一、自然因素

自然因素是特色文化村镇形成的基础。中国地域辽阔，自然环境多样，这为各地村镇提供了独特的自然景观和生态资源。这些自然因素不仅影响村镇的地理位置和布局，还深刻影响着当地的生产生活方式和文化传统。比如，江南水乡的特色文化村镇，其形成与当地的水资源和生态环境密不可分。这些村镇依水而建，水网密布，形成了独特的水乡风貌。同时，当地的气候条件也为水乡文化的发展提供了有利条件。又如云南丽江古城，其独特的地理位置和地形地貌使其形成了独特的纳西文化和建筑风格。

二、人文因素

人文因素是特色文化村镇形成的核心。中国历史悠久，各地都拥有丰富的历史文化遗产和人文景观，这些人文因素不仅塑造了村镇的独特风貌，还传承了当地的历史记忆和文化传统。同时，各地的民俗风情、民间艺术等也都在特色文化村镇的形成过程中发挥了重要作用。以山西平遥古城为例，这座城市保存了大量的古建筑和历史文化遗产，如古城墙、古街道、古民居等。这些人文因素不仅塑造了平遥古城的独特风貌，还传承了当地的历史记忆和文化传统。同时，平遥古城当地的民俗风情和民间艺术，如庙会习俗、推光漆器等，也在平遥古城的形成过程中发挥了重要作用。

三、社会因素

社会因素是特色文化村镇形成的重要条件之一。社会的发展和变迁对村镇的发展产生了深远影响。例如，随着城市化进程的加快，一些传统村镇逐渐失去了原有的社会结构和功能，但同时也获得了新的发展机遇和活力。此外，社会的开放度和包容性也影响了特色文化村镇的多样性和创新性。以浙江乌镇为例，随着社会的发展和变迁，乌镇逐渐从一个传统的农业村镇发展成为集旅游、文化、商业于一体的现代化小镇。这种社会变迁不仅为乌镇带来了新的发展机遇和活力，还使其成为对外展示中国传统文化和现代文明相融合的窗口。

四、文化因素

文化因素是特色文化村镇形成的灵魂。文化是一个民族的精神和灵魂，也是村镇发展的不竭动力。中国各地都有独特的文化传统和文化遗产，这些文化因素不仅丰富了村镇的内涵和魅力，还推动了当地的文化产业发展和文化创新。同时，文化的传承和创新也是特色文化村镇持续发展的重要保障。以福建的土楼为例，其建筑形式不仅体现了当地人民的智慧和创造力，还传承了客家文化的精髓。土楼中的家族观念、团

结协作等精神对当地社会产生了深远影响。这些文化因素不仅丰富了土楼所在村镇的内涵和魅力,也推动了当地的文化产业发展和文化创新。

第三节　九江特色文化村镇类型及其评价体系

一、九江特色文化村镇类型划分

(一)特色镇类型

根据各镇核心产业发展的现状,可以将城镇分为文化旅游小镇、特色产业小镇。

1. 文化旅游小镇

依据各镇旅游产业的特色,可以将城镇进一步细分为候鸟观光小镇、观光度假小镇、云雾休闲小镇、运动休闲小镇、农业休闲小镇和溶洞探秘小镇六大类,主要代表小镇分别有吴城镇、牯岭镇、海会镇、庐山西海管委会休闲生态旅游特色小镇、太阳升镇、天红镇等。

2. 特色产业小镇

以各自的主导产业为核心,可划分为生态产业小镇、宁红茶叶小镇、豆香产业小镇和油菜花小镇,典型代表小镇有罗坪镇、漫江乡、流芳乡、棉船镇等。

(二)特色村类型

乡村类型划分方面,按照乡村文化的特点,特色村可以分为国家级传统村落、文化旅游村、独特文化村三大类。

1. 国家级传统村落

国家级传统村落即入选了“中国传统村落名录”的特色村落,主要包括修水县的箬竹自然村、朱砂村、太阳村、内石陂自然村,武宁县的合港村,都昌县的鹤舍村,彭泽县的岚陵村,湖口县的庄前潘村等。

2. 文化旅游村

文化旅游村是指拥有丰富的旅游资源和良好的旅游产业基础的村子,这些村子包括武宁县的长水村、东山村、双新村,庐山市桃花源村,都昌县棠荫岛村,瑞昌市江家岭村,永修县易家河村等。

3. 独特文化村

独特文化村主要以名人文化为特色,这些村子包括修水县的双井村、陈家大屋(位于竹塅村),德安县袁家山自然村、义门陈村,以及永修县磨刀村等。

二、特色村镇评价指标体系

以下为根据《住房城乡建设部 国家发展改革委 财政部关于开展特色小镇培育工作的通知》(建村[2016]147号)设计的特色村镇评价指标体系(见表1-1)。

表1-1 特色村镇评价指标体系

<table>
<tr><th>类别</th><th>评价内容</th><th colspan="2">评价标准</th><th>占比</th><th>自评分</th></tr>
<tr><td rowspan="11">一、特色鲜明的产业形态(25分)</td><td rowspan="5">产业特色</td><td rowspan="3">三选一</td><td>利用传统产业,依托新技术、互联网+等手段,推动传统产业改造升级,衍生出特色鲜明的新兴产业</td><td rowspan="3">4%</td><td rowspan="3">4分</td></tr>
<tr><td>培育出特色鲜明的新兴产业成为主导产业</td></tr>
<tr><td>挖掘当地特色资源形成主导产业</td></tr>
<tr><td colspan="2">产业具有比较优势,主导产业产值占GDP比重较大(≥40%),且比重逐年提高</td><td>4%</td><td>4分</td></tr>
<tr><td colspan="2">产业拥有国家、省级品牌或在全国、省内具有较高影响力</td><td>2%</td><td>2分</td></tr>
<tr><td rowspan="4">产业规模</td><td colspan="2">年营业收入1000万元以上且有盈利的龙头企业年均研发投入占全年营业收入的比例≥5%</td><td>2%</td><td>2分</td></tr>
<tr><td colspan="2">主导产业新增企业数量快速增加</td><td>3%</td><td>3分</td></tr>
<tr><td colspan="2">主导产业吸纳较多当地务工人员</td><td>3%</td><td>3分</td></tr>
<tr><td colspan="2">主导产业带动农村发展,从事非农就业人口占农村总人口的比例>50%</td><td>2%</td><td>2分</td></tr>
<tr><td rowspan="2">产业环境</td><td colspan="2">市、县出台支持特色产业发展的相关鼓励政策</td><td>3%</td><td>3分</td></tr>
<tr><td colspan="2">产业投资环境良好,产业投资强度已达100万/亩,并持续保持增长,或连续三年增速较快(≥15%)</td><td>2%</td><td>2分</td></tr>
<tr><td rowspan="4">二、和谐宜居的美丽环境(25分)</td><td rowspan="2">空间格局</td><td colspan="2">小城镇整体布局契合山水地貌,整体空间格局符合本地区营造特色</td><td>3%</td><td>3分</td></tr>
<tr><td colspan="2">镇区路网按照窄马路高密度建设,路网密度不少于6千米/平方千米</td><td>3%</td><td>3分</td></tr>
<tr><td rowspan="2">城镇风貌</td><td colspan="2">镇区整体风貌和谐统一,能有效彰显小镇特色文化内涵</td><td>3%</td><td>3分</td></tr>
<tr><td colspan="2">街巷风貌彰显地域文化特色,沿街建筑立面的体量、色彩、细部协调统一,店铺布局管控有序,标识、广告牌等统一协调</td><td>3%</td><td>3分</td></tr>
</table>

续表

类别	评价内容	评价标准	占比	自评分
二、和谐宜居的美丽环境（25分）	城镇风貌	镇区人均公园绿地面积达9平方米以上，布局均衡合理	3%	3分
		镇区干净整洁，无私搭乱建、乱堆乱放、乱贴乱画等行为	3%	3分
		镇区住区建设开放、人性化，并有完善的物业管理	2%	2分
	美丽乡村建设	镇域内村庄基础设施完善、环境卫生整洁干净，生活垃圾、生活污水有效处理率达90%以上	2%	2分
		镇域内农房建设规范有序，建筑物超高、超大、乱搭、乱建现象	2%	2分
		镇域内乡村获得国家、省级相关称号	1%	1分
三、彰显特色的传统文化（10分）	文化传承	拥有独特的民俗活动、特色餐饮、民间技艺、民间戏曲等传统文化类型	2%	2分
		拥有文保单位、历史街区、传统建筑挂牌等物质文化遗存且保存完好	2%	2分
		非物质文化遗产的传承较好，传承人得到政府支持，非遗文化活动持续开展	2%	2分
		形成独特的小镇文化标识	1%	1分
	文化传播	每年举办三类以上的群众性文化活动	1%	1分
		利用传统、新媒体文化传播方式，传播频率较高	1%	1分
		镇区有一座以上的综合性文化活动中心（包括图书馆、体育设施等）	1%	1分
四、便捷完善的设施服务（25分）	道路交通	对外交通便捷，有二级以上直通公路	1%	1分
		镇区道路路面良好，破损道路面积比例＜10%	2%	2分
		镇区道路路灯、道路标识等附属设施及绿化配置完善	2%	2分
		镇区公共停车场建设指标及停车位满足需要，管理规范	1%	1分
	基础设施	镇区给水管网全覆盖，饮用水符合卫生标准（GB 5749—2006）	2%	2分
		镇区生活污水全面收集并达标排放，生活污水集中处理率≥80%	2%	2分
		镇区生活垃圾无害化处理率≥90%	2%	2分
		防洪、排涝、消防等灾害综合防灾设施符合标准	2%	2分

Note

续表

类别	评价内容	评价标准	占比	自评分
四、便捷完善的设施服务（25分）	公共服务	建成区小学、中学建设规模、标准、配置数量达到《城市普通中小学校校舍建设标准》要求	2%	2分
		医院建设规模、标准符合《乡镇卫生院建设标准》，拥有二级以上医院	2%	2分
		至少建有养老院、敬老院、老年公寓、托老所、日间照料中心等其中一种类型的养老设施，设备齐全，护理水平良好	2%	2分
		镇区商业服务设施完善，建有大型连锁超市、三家以上银行开设服务网点等	3%	3分
		镇区农贸市场符合《江西省“十三五”期间县乡农贸市场建设改造总体方案》要求	2%	2分
五、充满活力的体制机制（15分）	规划建设管理	规划有创新，规划编制实现多规合一或多规协调	2%	2分
		规划建设管理有创新，项目建设按规划有序实施	2%	2分
	社会管理	社会管理有创新，社会管理各部门协调，综合执法能力强，实现“一站式”综合行政服务	2%	2分
	体制机制创新	体制机制有创新，在新型城镇化发展、土地流转、公共服务改革等方面有突破性创新	3%	3分
		设立推进特色小镇建设的专门机构（领导小组），高效推进特色小镇建设	2%	2分
	投融资机制创新	每年吸引社会资金1亿元以上用于特色小镇建设	4%	4分
合计			100%	100分

注：根据《住房城乡建设部 国家发展改革委 财政部关于开展特色小镇培育工作的通知》（建村[2016]147号）设计。

本章小结

本章主要探讨中国特色文化村镇的形成及其重要性，强调了多种因素，如自然因素、人文因素、社会因素、文化因素等对村镇特色形成的影响。介绍了代表性古镇及其魅力，凸显了中华民族文化传统的丰富性。同时，对九江特色文化村镇的类型划分和评价体系进行了概述，为读者深入理解和保护特色村镇提供了指导。在学习过程中，应关注特色村镇的历史文化价值、形成机制及其保护与发展，注重理论与实践相结合，提升对特色文化村镇的认知水平。

一、复习题

1. 中国特色文化村镇通常是由哪些因素共同影响形成的？请列举至少三个因素。

2. 简要描述中国古代四大名镇的特点和它们在历史文化上的重要性。

3. 为什么在特色文化村镇的形成过程中，自然因素被认为是重要的基础？

二、思考题

1. 除了自然因素，还有哪些非自然因素可能对特色文化村镇的形成和发展产生重要影响？请举例说明。

2. 在现代社会中，如何平衡特色文化村镇的保护与发展，以确保其可持续性和文化传承？

3. 如果你有机会参与一个特色文化村镇的规划和发展工作，你会采取哪些措施来保护和弘扬该地区的特色文化？

第二章
文化旅游小镇

大丈夫当朝碧海而暮苍梧

——徐霞客

学习目标

（一）知识目标

1. 掌握文化旅游小镇的基本概念、特色及其在旅游产业中的作用。

2. 了解不同文化旅游小镇的自然与人文资源，包括背景、地理位置、景点等。

3. 理解小镇旅游的产业特点，包括产业形态、环境、传统文化、设施服务和体制机制等方面的内容。

（二）能力目标

1. 能够运用所学知识，分析并评估文化旅游小镇的发展前景与方向。

2. 具备一定的规划和设计能力，能够参与小镇旅游项目的策划与实施。

3. 掌握有效沟通技巧，具有团队合作能力，能够与相关部门和利益相关者有效沟通与合作。

4. 培养独立思考和解决问题的能力，能够在实践中应对各种复杂情况。

（三）德育目标

1. 培养学生对文化旅游小镇的热爱与兴趣，激发保护传承家乡文化的责任感与使命感。

2. 增强学生的家国情怀，使其认识到文化旅游小镇的重要地位和作用。

3. 提升学生的文化自信，鼓励其积极参与文化交流与传播。

第一节　候鸟观光小镇——吴城镇

吴城镇，地处永修县东北部、鄱阳湖西汊，享有“千年古镇、世界湿地、候鸟王国、水中沙漠”等美誉（见图2-1）。这里西距永修县城30千米，北距九江市120千米，南距南昌市90千米。吴城镇与新建区、都昌县、星子县三地水域草洲相连，与共青城市、鄱阳县、余干县三地隔湖相望，是江西历史上的四大名镇（景德镇、樟树镇、吴城镇、铅山县河口镇）之一，也是世界A类候鸟保护区和江西鄱阳湖国家级自然保护区核心区所在地。全镇面积368平方千米，水面面积40万亩[①]，草洲面积19.2万亩，大小湖泊42个。

图2-1　赣江与修河入湖口（拍摄于吴城镇）

扫码看彩图

一、千年古镇的韵味

吴城，原名吴山，古属艾地（永修古称）。汉高祖六年（公元前201年）置海昏县，吴山乃“汉海昏仓廒所也”，即粮食仓库所在地。晋太康元年（公元280年），三国统一，吴山北头建“神慧庙”，庙前创“经堂寺”，庙后筑“望湖亭”。

① 1亩≈0.0667平方千米。

南朝宋元嘉二年(公元425年),一场大水淹没海昏县城,县城迁往修河中游的艾城。当地居民就近迁徙至吴山,吴山从此易名吴城。南陈时期,吴城纳入西昌县管辖。北宋太平兴国六年(公元981年),吴城归新建县管辖。到清末,南昌府在吴城设二府衙门,管辖吴城镇"六坊"。民国时期在吴城设区公署,吴城地位日益重要。1954年,吴城镇划归永修县管辖。

吴城发展至今有2000多年的历史。然而,随着南浔铁路的修建,吴城逐步衰落,至1939年日寇轰炸前,集镇人口仍有"三十三联保,七万九千人",遭日寇洗劫后,吴城彻底败落。中华人民共和国成立后,吴城开始逐渐复苏,重现生机。

翻看历史,吴城的鼎盛时期在清乾隆至咸丰年间,常住人口达十万人之多,享有"装不尽的吴城,卸不完的汉口"之美誉。集镇规模庞大,形成"一镇六坊八码头九垅十八巷"的格局。"一镇"就是吴城镇;"六坊"是指济川坊、来苏坊、福尼坊、后显坊、里仁坊、前显坊;"八码头"是大码头、中码头、下码头、全楚码头、杨泗码头、五显码头、司前码头、水浒码头;"九垅"为汤家垅、百叶垅、樊家垅、骆家垅、香菇垅、茶叶垅、鲤鱼垅、东垅、西垅;"十八巷"为丁家巷、宋家巷、邹家巷、赵家巷、打狗巷、二八巷、石头巷、杨家巷、胭脂巷、茅巷、挑水巷、摸乳巷、铁巷、牛市巷、老丁家巷、陶家巷、筷子巷、陈家巷。

吴城著名的街道有上街头、下街头、豆豉街、后河街、万寿宫等,其中以豆豉街最繁华,人们比之为南昌的"洗马池"。如今,历史的风尘掩盖了吴城部分昔日的辉煌,但依然保留有许多珍贵的文化遗产。其中,望湖亭作为历史的见证,屹立在吴城之巅。而豆豉街作为当年极为繁华的街道之一,如今保存相对完好,成为游客感受吴城历史韵味的重要去处。当时,吴城流传一句顺口溜:"望湖亭上好乘凉,二府套里好停船,黄花岗上好美酒,梅花弄里好姑娘。"这句顺口溜描绘了吴城当年的繁华景象和生活情趣,也让人们深刻地感受到这座古镇的独特魅力。

(一)望湖亭

望湖亭,始建于晋太康元年(公元280年),原为正方形庑殿式建筑,分为四层,回廊曲栏,四达轩敞,亭高数丈,瑰丽雄伟。这座古老建筑是吴城繁华商埠与兵防重地的历史见证,更承载着一段段传奇故事。

千百年来,望湖亭历经无数战火与劫难,累经兴废。清末太平军战将胡以晃、赖汉英率舰船千艘,与清军激战。当时,以木材为主要建筑材料的望湖亭遭严重毁坏,后几经修复。1939年春,侵华日寇大举进攻吴城,敌机狂轰滥炸,古镇火光冲天,高峨宏伟的望湖亭顶部被掀翻,亭基坍塌一角。现有望湖亭是2020年采用钢筋水泥框架结构及顶铺琉璃瓦方式,在原址上修建的(见图2-2)。

望湖亭还流传着一段凄美的传说。相传,元末,农民起义烽火四起。"大义王"陈友谅与朱元璋等人群雄割据,各霸一方。陈友谅的夫人娄妃(名玉贞),生得天姿国色。她本是将门之后,因父亲被权奸所害,沦落青楼,后结识陈友谅,并对其倾囊相助。陈友谅称王后,封娄玉贞为贵妃,并在吴城为她建了行宫,在行宫旁特地修建了一座亭

图2-2 吴城镇的望湖亭(拍摄于吴城镇)

扫码看彩图

楼——望湖亭。娄妃博学多才,聪颖过人,料事如神。陈友谅不听娄妃劝阻,几次吃了败仗。他重振雄风后,亲率精兵30万,誓与朱元璋决一死战。一次交战临行前,娄妃向陈友谅献策,陈友谅虽觉可行,但恐失面子,不愿采纳。娄妃觉察到丈夫刚愎自用,深恐有失,为激将陈友谅采纳自己的战策,故相约打赌:如依娄妃之计获胜,则拜娄妃为水军都督;如败,则娄妃不再问军国大事。临行时,娄妃又对陈友谅说:"妾妃这望湖亭,可望百里。若得胜凯旋,可令战船张旗扬幡,击鼓奏乐;如不胜而回,就偃旗息鼓回营。"陈友谅点头应允,三声炮响,大军杀出。从此,娄妃日日在望湖亭上望夫归。终有一日,盼得战船归来,可船上旗倒幡落,寂静无声,主将船正降下帅旗。军中降帅旗是主帅伤亡之标志。娄妃大惊失色,望湖呼喊:"大王,你平日骄纵自负,忠言逆耳,此番定是未施我之计策,故尔兵败。君既亡,妾何偷生。大王慢走,妾随你来了。"话音未落,娄妃从望湖亭上跃入湖中。霎时,湖面惊涛骤起,飞溅的浪花淹没了以身殉情的一代佳人。其实,陈友谅非但没死,而且依娄妃之计策大获全胜。班师时,陈友谅意欲戏耍娄妃,故意令人偃旗息鼓,降下帅旗以示败北。不料娄妃信以为真,酿成大祸。陈友谅追悔莫及,痛不欲生,急令水军前去打捞。三天后,在赣江上游四十里的王家渡,有父子俩打鱼,一网将娄妃尸体打捞上来。娄妃人虽已死,但花容月貌,浓妆丽质,面色如生。传说,娄妃落水后得到神灵保佑,尸体才逆水倒流四十里。陈友谅将娄妃葬在南昌章江门外,墓前用大青石刻了斗大的"江流表节"四个大字。为纪念娄妃,又将望湖亭改称"望夫亭"。

"章江门外娄妃墓,江流表节千古传。"这两句诗记载着这里曾经发生的这段凄美故事。

（二）码头文化

水运繁忙的年代，码头是一座城市文明的见证，是众生百态的万花筒。“商贾云集、舟楫如织、店铺林立、百货山积”，都离不开码头的繁荣景象。吴城历史悠久、商业昌盛、码头众多，是当时水运交通的重要枢纽。

历史记载，当年吴城每天有千余艘商船在此停泊，装卸货物，等待进港。专职码头装卸工有四五千人之多，他们的劳动与全镇商业市场、百姓生活息息相关。码头工人分为扎排工与搬运工两大类。码头工人统称“把”，有箩把、提盐把、挑挽把（指搬运）。扎排工分长木把、短木把。扎排工也称“排古佬”，驾船的也叫“船古佬”，抬轿的也称“轿夫佬”。

码头工种类繁杂，不同工种都有严格的行规和“把头”掌权维持运转。仅挑夫就有十八“把”，因水浒码头以装卸零担散货为主，故而他们多集于后河水浒码头的千秀英巷。接送行李、担运小宗货物的码头工又称“脚夫”，他们靠着一根扁担、一副绳索，整天在码头打转。

除了挑夫和脚夫，还有盐仓运盐的“盐夫”。除了完成运盐任务，他们还会将空盐袋拿回家，烧成盐包灰，从中获少量盐巴赚取外快。此外，码头和街头巷尾还有不少补锅匠、磨剪子戗菜刀的手艺人，他们一路吆喝，串街过户，风风雨雨，辛苦奔波，收入微薄。

（三）造船文化

江西河湖众多，水面辽阔，加之江西木材资源丰富，有条件造船。《宋会要辑稿》记载，北宋天禧五年（公元1021年），全国各地共有漕船2916艘，其中江西造1130艘，居全国第一，设有“造船提举司”。《新建县志》记载，清嘉庆年间，吴城修河，赣江停靠船舶连绵十几华里[①]，胜似一座水城，繁华景象令人叹为观止。发达的水上交通刺激了造船行业的发展。

吴城造船业历史悠久，所造之船规格较高。因木船航行受气候、水位、水流、风向等环境因素的制约，各地木帆船的船体、类型、帆、桅、锚、链的长短与大小，以及辅助设施的设置也不尽相同。吴城造的船舶有其本身的特点，一般的船，如奉新、安义的“麻雀子”，以及丰城的“桐壳子”，体型小、吃水浅，只能运输山货至吴城中转，从不出鄱阳湖。吴城的船规格上乘，主要有两种设计：一种叫“箩篮子”，两头翘起如弯弓一样，寓意镇邪避妖，保障船工的安全；另一种叫“丫桅子”，其船两头狭窄，船前矗有小桅杆一道，船中矗有大桅杆一道，行驶快捷，适合在赣江、鄱阳湖及长江航行。

过去，吴城有三家造船工厂和一家橹业制作行，位于修河下端水王庙。造船动工

① 华里即里，1华里等于500米。

前，要依照业主诉求，首先绘制船体结构图纸，再按图纸排定船底外板，在底板上安装“龙骨”。然后按照工序依次进行作业，直到船体完成后进行捻船，即用桐油调石灰、麻筋，用铁戳戳入船体内外所有木缝中，使之不渗水。再在船体上涂擦几次桐油，即可完工交付使用。新船下水营运前，船主要先去妈祖庙烧香祷告，祈求菩萨保佑。还要在船上请人绘上“八卦图”，钉上红布条，燃放鞭炮，送船下水。新船经过水边庙宇都要烧香磕头，以祈求平安。

随着时代的进步，吴城造船业也迎来了变革。20世纪20年代初，吴城开始出现机械动力船舶，当时有“大昌粮行”的拖轮“福昌号”及“叶氏盐行”的“宏业号”，提升了运输效率，为吴城的造船业掀开了崭新的一页。

（四）饮食文化

二十世纪三四十年代的吴城，是一个开放性的城镇。在这个繁华的城镇，“九垅十八巷”中，茶馆、酒楼星罗棋布，各式美食琳琅满目，令人目不暇接。川、湘、鄂、皖、苏、浙、粤等，来自全国各地的各式菜肴随到随点，百味俱佳。同时，各地的名茶在此汇聚，浙江的龙井茶、福建的铁观音、安徽的婺绿茶、江西的狗牯脑茶，应有尽有，茶客在此可以尽享品茗之乐。

另外，在这里能品尝到各地的特色美食，如浙宁会馆的青干、淡菜和福建会馆的海鲜。各地的酒类和糕点也应有尽有，如山西的汾酒和古徽州的糕点。吴城的“老天成”酒业因专营汾酒而出名，全国各大商埠都有它的分支店号。“福隆”“志成”两家来自徽州的糕点铺不但走红吴城，甚至誉满大江南北。还有具有吴城本地风味的淡水鱼类菜肴，如鳜鱼煮粉、鲶鱼烧豆干、鸡杂薯粉虾米汤，以及笼蒸薯粉肉圆等。此外，腊肉炒藜蒿也是一道不可多得的美味佳肴，藜蒿的清香与腊肉的醇厚相互交融，令人回味无穷。吴城的早餐也有独特的风格。“二来子”“油香”“白糖糕”在外地鲜有人知，但在吴城是家喻户晓的特色早点。

吴城的酒席文化也别具一格，是以“八大、八小”为基调的酒席格局，体现了吴城的饮食讲究和待客之道。八大拼盘的烧烩菜肴，八个小盘的下酒冷菜、糕点及小炒菜相得益彰，丰盛又精致。菜的数量不多，但样式齐全，甜、酸、苦、辣、咸五味皆有，各不相同，具有典型的东西南北杂合风味。吴城人在酒席宴请上有一种江湖人的豪爽习气，即喝到兴起时总喜欢“猜拳”，行酒令斗酒，以营造酒宴热闹氛围。酒席第一道菜米粉（为喝酒垫肚）和最后一盘烧鱼也有着特殊的含义，分别代表着酒席的开始和结束。

（五）兵防重地

吴城形成集镇后，因其地理位置扼江西水路的咽喉，自古以来就是兵家必争之地。三国时期吴国大将太史慈曾驻兵于此，唐宋以后历代都在吴城设置“关卡”，有时派一员千总（一种军职），有时派一员把总镇守。清康熙三年（公元1664年），设置正规水师营，拨千总一员镇守。咸丰五年（公元1855年），设置江南水师。曾国藩奉旨驻吴城练

兵。同治八年(公元1869年),拨参将一员驻守吴城,扩大水师营,直接归长江水师提督管辖。民国时设有一个水警总队,另外驻一至三个团的陆军,抗战前,有海军舰艇“黎明”号、“江昆”号、“江西”号、“浔阳”号等在吴城水域巡逻。

吴城历史上发生的较重要战事,除了民间广为流传的朱元璋与陈友谅的鄱阳湖大战,还有明朝时期宁王朱宸濠为争夺皇位而起兵,而吴城是他的基地之一。樵舍大战朱宸濠败北被俘,宁王残部逃往永修,朱宸濠在吴城的基地被彻底清除。1854年,太平军一部由都昌攻入吴城,同年石祯祥、章俊所率太平军西上武昌,在田家镇激战不利,于冬季退入江西吴城。1855年,曾国藩驻吴城练兵,设江防水师。1856年,曾国藩添设防军,转战饶州、景德镇、浮梁一带水面六百余里。1913年,李烈钧在湖口起义成立讨袁军,袁世凯派李纯统兵至赣,讨袁军与袁军战于瑞昌与德安之间,李烈钧命炮兵营长刘凌扼守望湖亭。不几日,李烈钧率部退驻吴城,袁军装扮成难民,跳船面做哀求状,刘凌为其所感,船靠望湖亭,袁伏兵登岸,突然袭击,起义军溃败,吴城落入袁军手中。1926年,北伐战争期间,蒋介石任军长的第一军第一师和李宗仁任军长的第七军第一旅,沿吴城水路追击逃敌,一师五团追至溪口(吴城丁家山南)附近,正遇渡河之残敌,战斗一小时,敌除溺毙者外,皆缴枪投降,北伐军同日占领吴城。1927年,国民军第七军胡宗铎旅追击军阀岳思寅部,于吴城而歼灭之。1939年3月,日寇直逼南昌,从星子县闯至饶河口,在飞机、炮舰的掩护下进攻吴城,遭到国民党军罗卓英部张尊光团顽强抵抗,多次击退企图在望湖亭登陆的日军。该团完成狙击任务后奉命撤退,吴城方陷落。一周的激战,敌机狂轰滥炸,古镇火光冲天,万家店铺化为灰烬。高峨宏壮的望湖亭顶面被掀翻,第二层穿了两个大洞,亭基坍塌一角,断梁中一根根扭曲的钢筋裸露在外,整个望湖亭看上去,就像一个遍体鳞伤的老人,立在山城上,面对一汪湖水,倾诉吴城的兴衰。

二、世界湿地

江西省的五大水系赣江、抚河、信江、饶河、修河五河之水从南汇入赣北平原的低洼之地,形成洪泽连天的水面,再向北接入长江,形成了鄱阳湖这个典型的吞吐型湖泊。湖区有沙湖、蚌湖、大湖池、朱市湖、梅西湖、中湖池、大汊湖、象湖、常湖池等九个湖泊,后七个湖泊都在吴城境内。鄱阳湖“丰水季节水连天,枯水时期滩无边”,变幻无常,是我国乃至世界的重要湿地(见图2-3)。

吴城地处江西鄱阳湖国家级自然保护区的核心区,也是我国首批列入世界重要湿地名录的六大湿地之一——鄱阳湖生态湿地的核心区,拥有湿地面积近2万公顷[①]。湿地空旷、平坦,大小湖泊星罗棋布。受修河和赣江水系影响,枯水期水落滩出,形成草洲河滩及大小湖泊,河流蜿蜒一线;丰水期水位高涨,河流湖泊融为一体,一片汪洋。

① 1公顷等于0.01平方千米。

“夏秋水连天，冬季滩无边”“高水是湖，低水是河”“洪水一片，枯水一线”是鄱阳湖生态湿地的自然地理特征。鄱阳湖生态湿地是野生动植物的天堂，也是白鳍豚、江豚、中华鲟、冬候鸟等多种珍稀野生动物的重要栖息地。截至2024年，江西鄱阳湖国家级自然保护区已发现鸟类387种，高等植物476种，浮游植物50种，爬行类48种，兽类47种。

图2-3 鄱阳湖湿地示意图(拍摄于鄱阳湖博物馆内)

扫码看彩图

吴城属滨湖丘陵地区，河流、湖泊、草洲占三分之二，丘陵、山岗占三分之一，随着赣江枯水时期的到来，这里河汊纵横，汀渚棋布，清江碧流，夹岸如画，具有江南水乡泽国的地貌景观；夏秋季节，云水茫茫，渺无际涯，洪涛拍岸，水天一色，吴城镇便成了万顷碧波中的一座孤岛。“鄱阳湖上好风光，风帆飞去水天长，渔家笑唱来快乐，歌声满湖渔满仓”，这里户户会捕鱼，村村有牛群，人人能行船。王勃《滕王阁序》中的名句“渔舟唱晚，响穷彭蠡之滨”，描绘的可以说正是这里的美景。宽广的水域适合各种淡水鱼类生长，据调查，截至2018年，吴城水域中有鱼类12目21科122个品种，尤其盛产鲤鱼、鲫鱼、鳊鱼、鳜鱼、鲢鱼、银鱼，其他如虾、蟹、蚌、鳖、龟等水族，亦是应有尽有。这里的鱼，不仅品种多，而且产量大，每年水产品的总量都在5000吨以上。

三、候鸟王国

每年秋末冬初，从西伯利亚、蒙古国、日本、朝鲜以及我国东北等地飞来数十万只候鸟在地处吴城的鄱阳湖湿地越冬。据统计，截至2019年，吴城的候鸟有310种，其中典型的湿地鸟类159种。冬候鸟155种，夏候鸟107种。有13种为世界濒危鸟类。属国家保护动物的有54种，其中一级保护动物10种：白鹤、白头鹤、大鸨、东方白鹳、黑

Note

鹳、中华秋沙鸭、白肩雕、金雕、白尾海雕和遗鸥；二级保护动物44种，如小天鹅、卷羽鹈鹕、白枕鹤、灰鹤、沙丘鹤、白额雁、白琵鹭等。吴城还是目前世界最大的白鹤和东方白鹳群体越冬所在地。白鹤种群最大时达2896只，占全球总数的98%以上。

世界自然基金会会长，英国菲利浦亲王，丹麦亨利克亲王，国际鹤类基金会主席阿基波先生，以及众多国内外专家、学者先后来吴城考察，惊叹吴城有“珍禽候鸟王国”，是“中国第二长城”“世界第八大奇观”和野生生物的安全绿洲。“鄱湖鸟，知多少，飞时遮尽云和月，落时不见湖边草”，正是对吴城越冬候鸟壮观场面的真实写照(见图2-4、图2-5)。

图2-4 鄱阳湖候鸟示意图(拍摄于鄱阳湖博物馆内)

扫码看彩图

图2-5 鄱阳湖湿地鸟巢图(拍摄于吴城镇)

扫码看彩图

四、水中沙漠

吴城位于赣江、修河、饶河冲积扇上，加之鄱阳湖水经此流入长江，千百年来，河流上游带来的泥沙在此沉淀、净化，淤积了大量的优质矽砂，其颗粒大、纯度高、品质好，为优质的工业和建筑用砂。特别是地处饶河尾闾南岸首尾相连的吉山、松门山有裸露在地表的天然矽矿，自西北向东南绵延十多千米，最宽处约5千米，至丰水期时，整个砂山半淹于水中，形成了独特的水中沙漠景观(见图2-6)。这里不仅是开发沙漠旅游的理想之地，而且还是天然的矽砂开发和加工场地。据勘测，吴城矽砂总储量在300亿吨以上。

图2-6　鄱阳湖沙地图(拍摄于吴城镇)

扫码看彩图

五、会馆和庙会文化

悠久的历史孕育了吴城灿烂的文化。这里因水而兴、因商而盛，来自五湖四海的商贾水客旅居吴城。一年又一年，一代又一代，逐渐形成了繁荣的会馆文化、庙会文化和特色民俗。至清朝末年，吴城会馆最为旺盛，有大小会馆48座之多，著名的有全楚会馆、徽州会馆、广东会馆、浙宁会馆等。抗日战争中，大部分会馆被烧毁，如今仅存吉安会馆遗址。

(一)吉安会馆

吉安会馆大门上方石刻的“理学名臣”四个遒劲大字，为明朝大才子解缙所书。“理

学"指的是宋朝大理学家朱熹,"名臣"说的是民族英雄文天祥。会馆进门的阁楼上有文天祥塑像,每当文天祥生日与殉难日,会馆都要举行纪念大典,开锣唱戏,宣扬文天祥坚贞不屈、视死如归的民族精神。现存的会馆是吉安商人于清嘉庆至道光年间在原有建筑基础上重修而成。会馆原占地面积为1000余平方米,分前堂、中厅和后堂三部分,各建筑之间由回廊和花园相连接,有移步换景之妙,布局考究。

抗战时期,吉安会馆大部分建筑被毁,现仅存前堂等建筑,砖木结构的会馆平面呈长方形,上下两层分别为观戏台和客堂。它作为古镇的一座标志性古建筑,其历史艺术价值和观赏价值极高。2006年,吉安会馆被江西省政府公布为第五批省级文物保护单位。

(二)庙会文化

吴城庙会由来已久,成为当地的一大文化特色。全镇有庙、寺、庵、阁、宫40余座。香火特别旺盛的有聂公庙、伍显庙、令公庙、万寿宫、观音阁、太子庙、张飞庙、雷祖坛、火神庙。除此之外,还有东狱庙、白马庙、水王庙、康公庙、财神庙、哪吒庙、药王庙、冥王庙、社公庙、地母庵、天花庵、仙坛、经堂寺等。

时移势迁,当年显赫一时的寺庙已不复存在,但其地名仍沿袭至今。往昔的庙会每年进行一次,每次三五天或十几天不定。规模最大最热闹的首推聂公庙、伍显庙、令公庙三大庙会,时间从农历四月二十四日"拜菩萨"开始,至端午节"游过神",送走"花船"才告结束。

此外,庙会还是同行业的人的活动场所,如全镇的盐包工人组织的一个名为"金沙堂"的庙会,经常活动于太子庙,于每年正月要玩滚龙灯,把太子菩萨用响轿(一种抬走时上下升降抛动且发声很响的木轿)抬上"游神";张飞庙则是全镇屠户的庙会;白马庙是全镇习武者的聚集场所和活动的中心地点,吴城的"国术馆"就设在里面,由馆长和教练分别教学徒以拳术或刀枪在庙会期间表演。

八月朝香是吴城又一大盛事。每年农历八月初一到中秋,附近星子县、都昌县、鄱阳县、永修县等地的民众都要来吴城朝香,热闹程度不亚于南昌西山万寿宫。参与活动的每人胸前都围上写有"万寿进香"字样的黄红锦缎,敲锣打鼓结队而来,随身所带的还有贡品(当地特产),每年都会有意外的惊喜。如星子县有一年带来的是一个60斤重的大红薯,浮梁县则有一次带来了整个万寿宫牌楼上的大瓷画砖,让外国游客看了赞不绝口。

清嘉庆年间,吴城有"同乐""同裕"两座戏院,凡会馆、庙宇举办庙会时均要去外地聘请戏班来吴城演出。因庙馆多,加上庙会时间比较集中,吴城的七十二种行业轮番请戏班在此演出,因此逐渐有了固定的戏院供演出使用。演出剧种多为赣剧,剧目有《麻姑献寿》《窦娥冤》《珍珠记》《还魂记》等。戏曲中人物角色通常分为生、旦、净、末、丑五种类型,戏中人物的化装和脸谱均有严格规定和要求,能直接表现人物个性为佳。吴城戏院的教习人员、乐队以及生、旦、净、末、丑行当较齐全,一般不用外聘。但两戏

院为了提高经济效益、吸引观众，有时不得不到外地请名角来助阵。那时吴城流动人口极多，而邻近各县没有戏院，人们就都来吴城看戏，因此两座戏院在本地演出长盛不衰。清朝中后期，吴城夏秋之季还要在镇上各坪搭台演戏，如殷家山下的豆豉坪、狗头山下青莲庵前的马家坪、章家祠堂前的章家坪，以唱采茶戏为主。清朝末期，北方评书开始传入吴城，在江南称为“评话”，说书人多为盲人。他们白天听家属读本，晚上说书。这些盲人的口才和记忆力惊人，说到精彩处常用惊堂木在桌子上一拍说：“且听下回分解，先请各位方便。”所谓“方便”就是要听者付钱。

（三）名优特产

大板瓜子、银鱼、蔓荆子是吴城的传统土特产。

产于松门、吉山沙质壤土的大板瓜子年代久远，遐迩闻名。不同于普通的瓜子，大板瓜子外壳四周墨黑，壳中显现白色花纹，似菊花怒放，如人工镌刻；另一特点是粒大、瓣平、壳薄、肉厚、味香，含有丰富的蛋白质、维生素和脂肪，且久食不饱不腻。它是待客、馈赠亲友的好礼品，传说在明代曾作为宫廷贡品，享誉京城。

吴城因濒临鄱阳湖而盛产银鱼。其形如玉簪，洁白透明、肉质细嫩、肉味特鲜，具有益脾、润肺、补肾、祛虚、增阳、滋阴的功能，属于上等滋养补品。

名贵药材蔓荆子，产于吴城松、吉两地的沙山，属马鞭草科，为落叶小灌木，夏秋开花，以果入药。《本草纲目》记载，蔓荆子味苦、无毒，有明目坚齿、利九窍、驱白虫的功效，久服轻身耐老，是治疗风热感冒、目赤、肿痛的主药。蔓荆子性耐干旱，生命力极强，每年割去老枝后将新鞭埋于沙中即可繁衍生长。

古代昌盛的吴城有为数众多的京果铺，生产加工许多精制的食品糕点，运销长江流域各省。以茶叶为例，茶店专门收集来自本省和邻近福建武夷山的货源，临时雇用大批选茶工，仔细筛选，经过多道严格的工序，精巧烘制成“毛尖”“雀舌”“白兰”“茉莉”等绿茶和香茶，然后经鄱阳湖运销各地。围绕茶业，镇上还有不少花园，这些花园种花给各大京果铺做茶用。花园一般用老板的姓氏称呼，如“邓家花园”地名沿用至今。

吴城酥糖的名气也很大，其质量、包装与九江酥糖相似，但身条要粗些。有的京果铺长年存放1000多桶高级绵白糖，可见产销两旺，市场看好。

第二节　观光度假小镇——牯岭镇

牯岭镇先后成功申报江西省文旅特色小镇、历史文化街区、首批省级夜间文旅消费聚集区，并荣获“江西省省级旅游休闲街区”“九江特色气候小镇”“新时代·中国最具文化魅力小镇”“新时代·中国最具特色旅游小镇”称号（见图2-7）。

图2-7 庐山牯岭街雕塑(拍摄于牯岭镇)

扫码看彩图

一、自然社会概况

牯岭镇位于庐山之巅,海拔1164米,三面环山,一面临谷,为典型的中国大陆东部山地第四纪冰川遗迹、地垒式断块山构造和变质核杂岩构造遗迹所构成的多成因复合地貌;属于亚热带季风气候,多年平均温度11.4摄氏度,四季特点为春迟夏短、秋早冬长。年平均雾日190多天,素有"云中山城"的美誉。牯岭镇因镇政府驻地原名"牯牛岭"而得名。牯岭镇东西流向的牯岭长冲河、将军河在电站大坝处汇聚为石门涧,两河均属长江支流水系;南北流向的谷帘泉、马尾水在星子县隘口汇聚为鄱阳湖支流水系,七里冲河在海会流入鄱阳湖,白沙河流经高垅注入鄱阳湖。

二、文化旅游特色

牯岭镇于1991年被评为国家级旅游"四十佳"之一,为庐山风景名胜区管理局所在地,是庐山旅游接待的中心,中国共产党第八届中央委员会第八次全体会议和第九届中央委员会第二次全体会议曾在此召开。镇上现今仍保存英国、美国、法国等近20个国家不同建筑风格的别墅群。庐山还有中国名山上唯一的图书馆,在牯岭镇的人们看来,中外游客在这里游玩的时候,精神食粮也是必不可少的。

近年来,牯岭镇着力推进旅游文化特色产业发展,提升功能品质,完善基础服务。推动亚洲第一条、国内首条3S交通索道建成并投入运营;建设牯岭"历史文化街区",推进牯岭艺术小镇项目,引进高端酒店、酒吧、音乐餐厅等业态;支持"匡舍""云上"等特色精品民宿发展,聚力打造民宿村,推动旅游产业多元化;启动智慧庐山建设,拓展信息平台。

Note

（一）牯岭街

牯岭街是云中山城非常繁华的地方，这条街自东向西呈弧形，一边是鳞次栉比的商店、酒楼、餐馆，一边是淡雅温馨的公园。游人可以在酒楼品尝独具特色的庐山风味小吃，也可以在商店购买富有庐山特色的旅游纪念品（见图2-8）。

图2-8 庐山牯岭街老街（拍摄于牯岭镇）

扫码看彩图

牯岭街另一边的公园是游人休憩的好地方。在公园的入口处，立着几块第四纪冰川遗留下来的冰砾石，其中一块最大的冰砾石上刻着三行介绍庐山的大字。第一行是"世界文化景观"，庐山在1996年被联合国教科文组织批准以"世界文化景观"列入《世界遗产名录》。冰砾石上的第二行大字是"世界地质公园"，庐山在2004年被联合国教科文组织批准为"世界地质公园"。冰砾石上的第三行大字是"国家重点风景名胜区"，庐山在1982年被国务院公布为国家首批重点风景名胜区。公园里还立有一座牯牛奋起的塑像，显示着庐山人民奋力拼搏、勇往直前的精神，塑像基座上有当代著名书法家启功题写的"牯岭"两个大字。

公园里绿草茵茵，花木成行。尤其是夜晚，步入街心公园，抬头仰望满天星斗，低头俯瞰九江城的万家灯火，星斗和灯火在远方渐渐融为一体，让人分不清哪是星斗、哪是灯火。此情此景，令人产生无限遐想。

（二）别墅群

庐山作为世界文化景观，其文化内涵中一个重要部分就是庐山的西式别墅群。始建于19世纪末20世纪初的庐山别墅群，是牯岭英租界的产物，荟萃了20多个国家不同的建筑风格；它们大多依山而建，既美观实用又与周围环境协调一致，堪称中国建筑史

上的世界近代建筑博物馆。景区内的建筑包括:283号别墅——有“石头的史诗”之称的百年老教堂;282号别墅——庐山最早的地产CEO都约翰陈列室;281号别墅——庐山别墅发展史牯岭租借地博物馆;280号别墅——最早的地产商李德立在此品茗一杯咖啡、一只雪茄的老别墅酒吧;310号别墅——被尼克松誉为是“一座沟通东西方文明的人桥”,杰出女性、诺贝尔文学奖获得者赛珍珠纪念馆;307号别墅——抗日英雄杨遇春将军指挥部陈列室军官别墅。

美庐别墅位于长冲河中段,坐北朝南,主体建筑面积为996平方米,庭院面积为4928平方米。它是英国人兰诺兹勋爵于1903年所建,后蒋介石特将这栋别墅命名为“美庐”。别墅庭院中的一块巨石上至今还留有蒋介石题写的“美庐”二字。

美庐别墅不仅从建筑学上来说是庐山别墅中的佼佼者,更因为先后住过蒋介石和毛泽东,而成为中国唯一的一栋先后住过国共两党最高领导人的别墅。美庐主楼为二层,副楼为一层,用封闭式走廊连接。主楼进口处为宽大通透式凉台,二楼还拥有一个凉台和一个大平台,整栋别墅显得极为灵巧、优雅。别墅内一楼和二楼都各有一套独立的卧室和会客室,男、女主人都可以拥有自己相对独立的活动、生活空间,互不相扰。这种设计,充分体现了以人为本的建筑理念,使居住者感到特别舒适,又富有温馨的家庭情趣。美庐庭院的布置也极有特色,依山就势,一道清泉弯弯曲曲流贯其中,院中既有中国名贵树木金钱松、银杏、玉兰、鹅掌楸、松柏,也有引进的外国名贵树木云杉、红枫、法国梧桐、美国凌霄,整个庭院四季常青,花枝争艳,充满勃勃生机(见图2-9)。

扫码看彩图

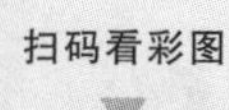

图2-9 庐山美庐别墅(拍摄于牯岭镇)

(三) 如琴湖

如琴湖因湖面形如小提琴而得名(见图2-10)。如琴湖为人工湖,建于1961年,是

Note

在靠近冰溢口筑起大坝，利用溪谷深洼，拦截天桥上端的谷口而形成的，其水域面积约11万平方米，蓄水量100万立方米。如琴湖傍依花径，是花径景区的重要组成部分。与飞来石一样，如琴湖其实也是冰川运动的产物，蓄水的巨大凹地地质学上叫作“冰窖”，是山谷冰川发源处储冰的地方，冰雪融化后，便形成了巨大的凹地。“群峰倒影山浮水，无水无山不入神”，如琴湖向游客展示的是青山绿水的自然美，美在湖水映衬下的环湖青山和傍依青山的娇柔湖水，世界上最大、最美的“小提琴”被镶嵌在了庐山的怀抱中。

图2-10 庐山如琴湖（拍摄于庐山如琴湖）

扫码看彩图

如琴湖的西南面有花径，又被称为“白司马花径”。石门横额刻着“花径”两个大字，两边石柱上刻着“花开山寺，咏留诗人”，右边石柱一侧还刻有“白乐天咏桃花处”。白居易是公元815年被贬到九江来当司马的。他在此写下了著名的七言绝句《大林寺桃花》：“人间四月芳菲尽，山寺桃花始盛开。长恨春归无觅处，不知转入此中来。”清朝之后，大林寺逐渐衰败，桃林也无人管理，桃树渐渐衰老、枯死，白司马花径也慢慢被人冷落遗忘了。1949年后，白司马花径被重新规划、整修，正式辟为公园，建立了花卉区、岩石园、花房、桃林等，白司马花径成了一个游人必至的著名景点。1987年，又新建了白居易草堂，草堂内陈列着有关白居易的资料、图片及字画，草堂前立白居易塑像，花径公园的内容更加充实，使后人对白居易在九江、庐山贬居三年的生活有了更深刻的了解，更好地表达和寄托了后人对这位伟大诗人的追思和怀念。

（四）锦绣谷

锦绣谷由大林峰与天池山交会而成，因第四纪冰川时期被巨大的冰川反复切割，形成了一个平底陡壁的幽谷。因谷中四季花开，如锦似绣，故名“锦绣谷”。宋代大诗人王安石在《送黄吉父将赴南康官归金溪三首·其二》一诗中咏道：“还家一笑即芳辰，好与名山作主人。邂逅五湖乘兴往，相邀锦绣谷中春。”

锦绣谷(见图2-11)是庐山奇花异草分布较多的区域,最负盛名的是春天开放的瑞香,花呈紫色,香味极浓。锦绣谷中还有一绝,就是怪石多。行走在谷中,时常可以看见峭耸的石堆,有的像雨后尖尖竹笋,有的像四方的棋盘,这些都是第四纪冰川的杰作。在锦绣谷的中部,还可以看见一座数十米高的孤峰凌空拔起,峰巅上有一块巨石,酷似一个硕大无比的老人头,连眉眼、皱纹都很清晰,惟妙惟肖,被称为“老人石”。这里到处可见陡峭的断石峭壁,如同斧劈刀砍而成,极为险峻,令人惊叹大自然的鬼斧神工。锦绣谷是庐山“世界地质公园”最好的缩影,在锦绣谷里漫游,就如同在地质公园里漫游,第四纪冰川所造成的地质地貌一一展现在眼前。

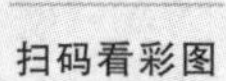
扫码看彩图

图2-11 庐山锦绣谷天桥(拍摄于庐山锦绣谷)

漫步在锦绣谷中,“山重水复疑无路,柳暗花明又一村”的意境扑面而来。峰回路转,有时陡壁在前,行走几步,又豁然开朗。从巨大的谷口望过去,远处与天相接的是浩浩荡荡的长江,在阳光的映照下,好像一条闪闪发光的银色锦缎;万亩良田,则如同星罗棋布一般。时而谷中腾起一阵云雾,将远处的景色遮个严严实实。一阵清风吹来,云开雾散,又是江天一揽,让人兴奋不已。锦绣谷中的游览就是这样让人心情跌宕起伏,意趣盎然,回味无穷。

(五)植物园

庐山植物园创建于1934年,是中国第一座正规化、大规模和以科学研究为目的而建的植物园,在中国植物园和世界植物园史册中都占有重要的位置。被誉为中国近代植物学奠基人的胡先骕先生等人,历经艰辛、呕心沥血,在这片山谷中创建了中国第一座科学植物园。世界著名的蕨类植物学家秦仁昌先生是庐山植物园第一任园主任,他创建了全新的蕨类植物分类系统,被后人称为“秦仁昌系统”,直到现在为止,依然被世界各国的蕨类植物学家广泛使用。植物园第二任园主任陈封怀先生,被誉为“中国植物园之父”,对庐山植物园的园区建设做出了不可磨灭的贡献。胡先骕、秦仁昌、陈封

怀三位前辈被誉为庐山植物园的“三老”，去世后都归葬于庐山植物园，墓区被称为“三老墓”，以追念他们“献身科学、报效祖国、艰苦奋斗、以园为家”的三老精神。

植物园占地面积5000余亩，分松柏区、草花区、树木园、岩石园、茶园、猕猴桃园、国际友谊杜鹃园、蕨苑及温室和乡土观赏灌木园等17个专类园区。园中汇集了中外植物9000余种，其中属国家保护的珍稀濒危植物600余种。世界已发现的松柏类植物约有600多种，这里就保存有240多种，被誉为中国和世界松、柏、杉、桧的活标本园。其中保存有被称为“活化石”的水杉和银杉，还有金钱松、日本冷杉、罗汉柏、黄叶扁柏、云片柏、孔雀柏、金球桧、鹿角桧等优良的观赏裸子植物，更有被誉为世界三大庭院树种（日本金松、南洋杉、雪松）之首的日本金松。在植物园的温室里，引种保存有大量的热带与亚热带植物，其中，以仙人掌科、大戟科、百合科，凤梨科、柳叶菜科、秋海棠科为主要特色。中国约有杜鹃花属植物原种近600种，在庐山植物园就收集有400余种，是中国收集杜鹃花属植物最多的植物园。在岩石园中，共栽种有500余种岩生植物，这些岩生植物依石而生，耐阴耐旱，姿态万千。其中，箭叶淫羊藿、黄连、阔叶十大功劳、藜芦、续断、落新妇、臭牡丹、肺形草、肥肉草等既是优良的观赏植物，更具有较大的药用价值（见图2-12）。

图2-12 庐山植物园的花房（拍摄于庐山植物园）

扫码看彩图

庐山植物园主要针对长江中下游亚高山植物以及鄱阳湖流域水生湿生植物开展保育和研究工作，特别在松柏类植物、杜鹃花属植物和蕨类植物的引种保育方面取得了丰硕成果，是我国生物多样性保护的重要基地。到现在为止，庐山植物园已与世界上60多个国家和地区的近300个有关植物研究的单位开展了广泛物种交流和学术交流工作，是世界自然保护联盟（IUCN）的成员之一。1996年，庐山申报加入世界遗产保护名录时，前来庐山考察的联合国专家桑塞尔博士对庐山植物园给予高度评价：

"这里的物种完备,实在令人印象深刻,是世界自然保护联盟中的植物园工作较好的一个。"

庐山植物园在1999年被授予"全国科普教育基地"和"全国青少年科技教育基地"称号。2023年,庐山植物园被认定为"中国植物学会2023—2028年度科普教育基地"。

(六)庐山会议会址

著名的庐山会议会址(见图2-13)同样坐落于牯岭镇。1949年后,中共中央在这里举行了三次重要会议。庐山会议会址在1996年入选第四批全国重点文物保护单位,原名为庐山大礼堂,建于1937年,采用中西合璧式石木双层结构,建筑面积有2500平方米,系民国时期庐山三大建筑之一。20世纪三四十年代,这里曾一度成为国民党进行政治、军事、教育的中心。中华人民共和国成立后,更名为"庐山人民剧院",成为庐山人民文化活动的重要场所。在当代中国历史上,中国共产党先后在此召开了1959年中国共产党八届中央委员会第八次全体会议、1961年中共中央工作会议、1970年中国共产党第九届中央委员会第二次全体会议。三次庐山会议在中国共产党和中华人民共和国的历史上都产生了重大影响。庐山会议会址自1985年正式对外开放以来,每年接待游客30余万人次,是一处具有重大革命历史意义的纪念地,是开展爱国主义教育和革命传统教育的重要场所。

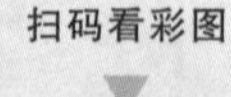
扫码看彩图

图2-13 庐山会议会址(拍摄于庐山会议会址)

庐山会议会址的陈列展示结合了现有的空间环境,合理布局,设序厅、会场、休息厅、影视区、资料陈列区、多媒体区,展线总长500米,展厅面积有1600平方米。会址充

分运用最新理念，采取声、光、电、多媒体、影视等综合手法，展示三次庐山会议相关的重要人物和重要事件，突出反映了老一辈无产阶级革命家在庐山从事的革命实践活动。此外，会址全面恢复了中国共产党第九届中央委员会第二次全体会议的会场原貌，真实地再现了历史。会址循环播放专题资料片《历史的回眸》，资料翔实，内涵丰富，是开展思想教育和革命传统教育的极好素材。整个展览融思想性、科学性、艺术性、参与性于一体，具有极强的感染力，适应现代游客的需求。

庐山会议会址作为重要的文化景观之一，以其独特的陈列方式、深厚的历史内涵吸引着世人的瞩目，充分发挥了爱国主义教育和革命传统教育的功能作用，体现了先进文化的发展方向，成为红色旅游线上的一个新亮点。

三、小镇发展前景

牯岭镇立足于唱响“庐山天下悠”的品牌，发挥“山上做明珠”的核心优势，充分挖掘历史、人文内涵，以旅游文化发展带动城镇建设，建设生态旅游度假型宜居名镇。具体措施包括：突出文旅融合，搭建文化产业落地平台；推进茶博馆建设，展示茶文化；推进庐山老别墅和历史建筑的保护修缮利用，展示别墅文化；开发创新庐山故事，整体打造具有本土特色的吃、游、购综合体；发展夜经济，打造“浪漫之山”；打造“两云一中心”核心框架，实现智慧管理、智慧服务、智慧营销；发展特色民宿，建设高端度假区。

第三节 云雾休闲小镇——海会镇

海会镇地处九江市东郊，东临烟波浩渺的鄱阳湖，西靠风景秀丽的庐山五老峰，南接庐山市城区，北接濂溪区。海会镇曾为官道驿站，宋称“茶庵”，民国时期称“土楼”，后称“海会”，是一个具有悠久历史的古镇。

一、小镇的基本情况

海会镇因境内万壑争流，注入鄱阳湖，寓“百川汇海”之义，故名“海会”。海会镇境内多丘陵山冈，沿湖为冲积平原，地势为东低西高，西部为山林，属于庐山山体的一部分。海会镇沿鄱阳湖岸线约9.5千米，境内有菜溪河流过。

海会镇为著名的旅游乡镇，素有“赣北旅游第一镇”的美誉。清代属南康府星子县，1968年复归星子县，1984年恢复为海会乡，1992年撤乡建海会镇，2002年与高垅乡合并称海会镇。海会镇有庐山东门、三叠泉、国家森林公园、碧龙潭、海会寺、白鹿洞书院等著名景区（见图2-14）。

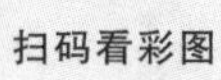

图 2-14　海会镇区全貌图(无人机拍摄)

二、文化旅游特色

海会镇是著名的旅游乡镇,境内有庐山东门、庐山三叠泉风景区、第四纪冰川遗址等著名景区,有海会寺、原国民党军官训练团遗址等大量历史遗迹。

(一) 紫气东来,入必由之——庐山东门

庐山东门(见图 2-15)是从海会镇攀登庐山的第一门,为三叠泉景区东部入口,“庐山东门”四个大字由赵朴初先生题写。庐山东门作为海会小镇的地标性建筑,颇具现代化园林风格和地方特色。其门楼高巍,华彩辉映,守望着钟灵毓秀的匡山蠡水。庐山东门是庐山市重要的旅游集散地,成为广大游客全方位、多角度认识海会小镇的会客厅。

扫码看彩图

图 2-15　庐山东门广场(拍摄于庐山东门)

（二）名瀑——三叠泉

三叠泉位于海会镇庐山东门，素有“不到三叠泉，不算庐山客”之说，三叠泉是庐山游客必至的景点。三叠泉景区内有天门潭、一线泉、飞来石、龙潭、三叠瀑布等多种景观，其中以三叠瀑布尤为壮观。汹涌的激流自百丈高崖奔腾而下，途中分三叠转折落至龙潭，形成百丈瀑布，水雾激荡。站在观瀑台上观看三叠瀑布全景，瀑布冲击巨岩形成的水雾弥漫四周，令人心旷神怡、如梦如幻，仿佛进入了一个梦境中的清凉世界（见图2-16）。

图2-16　庐山三叠泉（拍摄于三叠泉景区）

扫码看彩图

（三）名寺——海会寺

海会寺俗名“茶庵”，因宋代有僧人在此建茶庵，夏季免费给行人供应茶水，所以至今附近老一辈的人还习惯地称此地为“茶庵”。海会寺是在海会庵的故址上建立的。海会庵建于明万历四十六年（公元1618年），庵背靠五老峰，面临鄱阳湖，庵名“海会”，取百川汇海之意。海会寺最著名的三层藏经阁里，珍藏着赵孟頫书写的《妙法莲花经》50页，旧存木质经板1600多块。该寺还有普超法师血写的《华严经》81卷（现藏庐山博物馆）。《华严经》感动了很多名人，康有为、梁启超、罗家伦、吴宗慈等都在这血经上留有题跋，高度赞扬了普超对于宗教的献身精神。海会寺（见图2-17）曾为庐山佛教五

图2-17　庐山海会寺门口（拍摄于海会寺景区）

扫码看彩图

大丛林之一，目前年久失修，但寺庙前的半月池、庙宇墙体等遗迹依稀可见，森林茂密，未来可以打造禅修康养之地。

（四）名茶——庐山云雾茶

庐山云雾茶是中国十大名茶之一，通常用“六绝”来形容：条索粗壮、青翠多毫、汤色明亮、叶嫩匀齐、香凛持久、醇厚味甘。云雾茶风味独特，由于受庐山凉爽多雾的气候及日光直射时间短等条件影响，形成其叶厚、毫多、醇甘、耐泡的特点。

（五）名湾——鄱湖湾

在鄱阳湖畔，海会镇开发建设了鄱湖湾景区。鄱湖湾景区是为策应九江市委、市政府“最美长江岸线”升级版要求，通过结合旅游产业发展、乡村振兴、环境整治等内容，打造“鄱阳湖最美岸线”应运而生的。该景区作为中国农业公园和“一乡一园、一乡一景”重要组成部分，拟打造成为一个集生态观光、科普研学（见图2-18）、滨湖夜景、休闲娱乐、商业枢纽等功能于一体的新型旅游综合体。

扫码看彩图

图2-18　庐山国际研学营地（拍摄于庐山鄱湖湾景区）

（六）名书院——白鹿洞书院

白鹿洞书院（见图2-19）是我国宋代较高学府，居中国古代四大书院之首，与当时的睢阳、嵩阳、岳麓书院齐名，合称“天下四大书院”。白鹿洞书院最盛时，有房屋360余间，屡经兴废，今尚存礼圣殿、御书阁、朱子祠等。书院内，大小院落错落有序，亭台楼阁古朴典雅，佳花名木姿态各异，碑额诗联比比皆是。院内最引人入胜的是两侧的碑

Note

廊,其中明清两代的石碑甚多,现仍存一百余块。书院外有华盖松、回流山、独对亭、枕流桥、蹲鹿坡等八大景观。溪涧怪石嶙峋,附近镌有诗词若干,其中有“白鹿洞”“枕流”“漱石”等摩崖石刻。

图2-19　白鹿洞书院大门(拍摄于庐山白鹿洞书院景区)

扫码看彩图

三、小镇发展前景

海会镇大力锻造云雾小镇的品牌知名度、美誉度,以特色小镇建设为引领,特色产业为支撑,全域旅游为主导,通过优越的茶资源、人文资源、自然生态资源,凭借文化活化助力、资源组合动力、品牌提升借力、生态环境接力,打造生态旅游、茶园农产、教育培训三大产业链。海会镇致力于建设集镇旅游服务、茶产加工、教育培训、康居养生于一体的国家级旅游名镇。

海会镇将打造“一核、一带、两轴、三区”的功能格局。“一核”是指海会镇的旅游集散中心发展核,即海会镇区,是庐山和鄱阳湖的旅游服务基地。“一带”即鄱阳湖滨水景观带。“两轴”即环庐山联动发展轴、滨湖旅游公路发展轴。“三区”即三叠泉景区、教育培训区、农旅融合区。

现在的海会镇,走过历史的烟云,踏着新时代的铿锵步履,和着“千年潮未落”的风雅,以打造云雾特色小镇为契机,正着力探寻极具创意的城镇化发展新模式,朝着这方山水家园的美丽梦想不停进发、不断奋斗。

海会镇将打造镇村一体全域旅游示范镇确定为总目标,努力构建起“农旅结合、以农促旅、以旅强农”的乡村发展新模式,积极推进观光旅游与现代农业深度融合、双融双促,汇聚起实施乡村振兴战略、加快推进农业农村现代化的磅礴力量,全力建设“山湖联动、农旅融合、特色宜居、和谐幸福”的魅力新海会。

第四节　运动休闲小镇——庐山西海管委会运动休闲生态旅游特色小镇

庐山西海管委会运动休闲生态旅游特色小镇，坐落于风景如画的江西省九江市西南部，庐山西海风景名胜区巾口乡境内。该区域横跨武宁、永修两县。

一、小镇基本情况

2005年经国务院批准设立的庐山西海风景名胜区，是一处集亚洲最大土坝水库、国家4A级旅游景区、全国佛教样板丛林、国家水利风景区、国家森林公园于一体的山岳湖泊型特大景区。景区总规划面积495平方千米，由庐山西海湖区和云居山两大板块组成。

庐山西海原名柘林水库，水域面积308平方千米，有3亩以上岛屿1667个，总容量80亿立方米，平均水深45米，能见度11米，大气负氧离子含量每立方厘米15万个，属国家一级水质、一级空气。湖岛风光秀丽，景色迷人，有“水中熊猫”之称的桃花水母；有被誉为养生之泉、长寿之源的原生态富矿温泉。

云居山自古有“云岭甲江右，名高四百州”的美誉，主峰海拔969米。山顶莲花城内的真如禅寺拥有1200多年的历史，是中国佛教曹洞宗发祥地，中华人民共和国成立后的中国佛教协会迄今五任会长就有四任源出于此，所以它又被誉为“中国佛教领袖的摇篮”。寺内千年来秉持“农禅并重”的严谨禅风，1988年就被列为全国佛教三大样板丛林之一。

庐山西海风景名胜区在九江市乃至江西省内都拥有举足轻重的地位，独特的旅游特色和优美的自然风光使其在众多景区中脱颖而出。

近年来，庐山西海按照九江旅游“两圈两带”战略布局，确立了以健康运动休闲为主题，打造全国体育旅游示范区。围绕创建国家5A景区的战略目标，明确健康运动休闲的主题定位，大力推进建设一批体育旅游融合项目，实现旅游与体育融合发展，取得了显著成效。2017年，江西省旅游产业发展大会上，庐山西海风景区喜获“全省优秀旅游景区”称号，成为全省仅有的四个获此殊荣的景区之一，也是九江市唯一获此荣誉的景区。同年江苏无锡举行的首次全国体育旅游产业发展大会上，庐山西海成为全国首批、江西唯一的国家体育旅游示范基地创建单位；还是在2017年，庐山西海管委会运动休闲生态旅游特色小镇入选全国首批运动休闲特色小镇，并获评全国十佳体育旅游精品景区。这些荣誉和成就不仅凸显了庐山西海在旅游和体育领域的卓越地位，也为其打造“国内一流、世界知名”的健康运动休闲目的地和国家5A级景区奠定了坚实基础（见图2-20）。

图 2-20 庐山西海管委会运动休闲生态旅游特色小镇(无人机拍摄)

扫码看彩图

二、特色文化产业

小镇以健康、运动、休闲产业为主导产业，带动形成以游湖玩水、温泉康养、休闲农业等为主体的配套产业，以及以文化街、民俗街、手工坊、酒吧茶吧书吧等为主体的文化旅游产业，逐步形成功能完善、配套齐全、文化氛围浓厚的庐山西海管委会运动休闲生态旅游特色小镇。

(一)游湖玩水板块

庐山西海巾口旅游码头于2015年对外运营，项目占地约230亩，包含游客集散服务中心及含特色旅游、特色购物、特色餐饮、特色休闲娱乐的码头商业体开发；主要经营水上娱乐项目，包含竹排漂流、皮划艇、天鹅船、飞碟船、龙舟、摩托艇、水上降落伞、漂移艇、双发观光快艇、组合摩托艇、雅玛哈观光快艇、米兰游艇、帆船、大型天然游泳池等互动性、参与性强的水上项目。以巾口旅游码头为支撑，巾口游湖玩水项目为牵引，丰富现有水上游乐项目种类，不断充实摩托艇、水上嘉年华等水上游乐项目，开发2—3个岛屿，与柘林景区岛屿组团形成一条水上精品旅游线路，做足游湖玩岛文章。努力招引潜水、水底观光等水下探险项目，打造水陆联动游乐基地(见图2-21)。

图2-21 庐山西海市口旅游码头(无人机拍摄)

扫码看彩图

(二)小球运动板块

小球运动的主要场地是西海舰队球类运动休闲中心,该项目占地面积104329平方米。主要建设有网球综合馆、羽毛球馆、乒乓球馆、水上特色餐厅、自行车驿站、运动员公寓、赛事启闭仪式广场、多种室外活动球场及水上运动休闲区等。项目着力打造集体育、运动、娱乐、休闲于一体的生态运动中心,不仅能够承办国内外大型体育赛事,对提升庐山西海知名度、建设庐山西海休闲体育目的地、带动庐山西海旅游业全面发展具有重要意义(见图2-22)。

图2-22 庐山西海舰队球类运动休闲中心(无人机拍摄)

扫码看彩图

Note

（三）户外运动板块

庐山西海中海体育公园项目主要承载户外运动板块，拟建设小球运动中心、滨湖草地公园等，开发低空飞行项目、婚纱摄影项目、户外拓展等项目；与江西省高速投资集团签订合作协议，共同建设江西省第一批自驾车旅居车露营地项目；同时加大航空运动、亲子游乐、户外骑行、登山攀岩等运动休闲项目招引落户（见图2-23）。

图2-23　庐山西海中海体育足球公园（无人机拍摄）

扫码看彩图

（四）温泉康养板块

庐山西海巾口温泉度假村项目，占地170亩，建筑面积7万平方米，该项目打造以养生、度假、购物为主的综合型旅游高端度假村，日接待游客能力达万人；此外庐山西海建设的中医健康养老项目，打造集中医药养生、中医药旅游、健康养老为一体的中医健康养老基地；进一步综合开发利用富含氟、偏硅酸等矿物质成分的地热资源，加大国际疗养中心及养老养生基地招引力度，打造集温泉养生、健康休闲、酒店服务及园林景观于一体的庐山西海的重要接待基地和旅游集散地，极大满足休闲度假者的各种要求。

（五）休闲农业板块

庐山西海农业观光园项目占地4500亩，依托独特的区位优势条件，建设有特色农业观光园、采摘园、创意民俗民宿、乡村手工艺站等，打造集观光、体验、养生、科普、娱乐于一体的农业观光园，有效地带动了周边乡村游发展。

（六）要素聚群配套板块

依托巾口旅游集镇现有资源，与中交建、华体集团已签订了合作开发协议，共同开发建设庐山西海环湖旅游绿色公路和绿道及沿路旅游项目、巾口旅游运动特色小镇建

设，升级“食、住、行、游、购、娱”六项基本要素，完善基础配套，打造要素完备、功能齐全的集镇板块。

三、小镇发展前景

（一）打造特色产业

庐山西海围绕六大板块产业集群发展的需要，结合产业实际，以规划为引领，着力项目引进、建设；重点推进水上游乐项目、球类中心、中海体育公园、中医健康养老项目、温泉度假村、露营基地、农业观光园等项目发展，形成小镇核心要素，凸显产业特色。

（二）营造宜居环境

庐山西海构建安全可靠的生态环保体系和生态文化体系为主线，落实最严格的生态环境监管制、“河长”责任制和环保责任制，严格保护现有良好的生态环境；结合地形地貌、自然资源，因地制宜，以环保建筑为主体，形成材质统一、形式多样的城镇风貌，同时创造优良的人行活动和步行环境，实现生态资源的优势利用和互利共生；定期开展水土资源保护、水质监测、污水管网等专项整治活动，确保镇区噪声、空气污染指数、饮用水质、生活垃圾无害化处理、生活污水处理等相关指数符合标准，为小镇建设和发展营造良好的宜居环境。

（三）彰显特色文化

庐山西海以修河文化为主体，通过体育运动竞技、中医药研发、露营探险等环节体现修河人民孜孜不倦的探索与钻研精神。同时因势利导引入养生文化、拓展文化，建设全民健身中心、民俗街、手工坊等，深入挖掘竹木文化、渔文化以及当地民俗活动、特色餐饮、民间技艺、民间戏曲等地域文化，将文化特色融入小镇的特色打造工程中，赋予小镇活的灵魂，充分体现地域文化特色。

（四）完善设施服务

庐山西海致力于巾口旅游集镇综合开发，完善公共基础设施建设，同时着力推进学校、医院、商业中心等公共服务设施建设；统筹实施环湖旅游公路、庐西快速通道等市政公用设施建设；加强公共交通系统建设，强化特色小镇与交通干线和景区的连接，逐步提升共享服务水平。

（五）创新体制机制

庐山西海健全相应的领导机构和推进机制，部门联动，充分引入国有资本和社会资本参与，与华体、中交等开展战略合作，组建体育旅游产业基金和建设运营平台，实现政府主导、市场运作、联动开发；同时探索利用国家和省、市科研项目资源，支持企业研发平台建设，引导企业开展产品研发和创新，支持研发成果转化。

第五节 农业休闲小镇——太阳升镇

地处修水、武宁两县交界处的太阳升镇在唐德宗时期，被命名为“三都”。这里依山傍水，风景秀丽，是久负盛名的“鱼米之乡”“江西蚕桑第一镇”“江南第一社”（江南地区诞生的第一个人民公社）（见图2-24）。这里还是著名美籍爱国华人傅朝枢先生以及国画大师“江南一枝梅”付梅影先生的故乡。太阳升镇先后被评为“全国重点镇”、省级百强中心镇、市重点示范镇和县城副中心。

图2-24 太阳升镇车田村展示馆展示（拍摄于车田展示馆内）

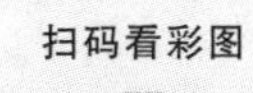

一、小镇基本情况

太阳升镇是江南地区诞生的第一个人民公社所在地。1958年8月15日，太阳升人民公社正式成立，是修水县第一个人民公社，也是长江以南地区率先成立的第一个人民公社，被称为“江南第一社”。这个公社由14个农业生产合作社合并建成，实行“工农商学兵结合”“政社合一”体制。与原来的合作社相比，规模之大、公有制程度之高，都是当时的典范。在公社的领导下，太阳升镇的农业、工业、商业、文化、教育等各个领域都取得了显著的进步。

改革开放以来，太阳升镇焕发出新的生机，如同一颗璀璨的明珠，在江南大地冉冉升起。小镇先后荣获国家级星火技术密集区示范镇、省级建设重点镇，江西省文明村镇、平安乡镇等众多美誉。新兴产业的崛起，让这座聚焦文化、工业、旅游的缤纷小镇成为修水、武宁两县的东部贸易重镇和经济、文化交流中心。两条省道穿境而过，大广高速傍镇而行（见图2-25）。

图2-25　太阳升镇部分风貌图（拍摄于太阳升镇）

扫码看彩图

太阳升镇党委、政府按照“边陲重镇、产业新城、县副中心”定位和目标，突出“三区”（太阳升工业项目区、集镇河东新区、特色产业示范区）联动发展，围绕独特产业定位，坚持“产业、文化、旅游”三位一体，促进“生产、生活、生态”融合，以新理念、新机制、新载体推进产业集聚、产业创新和产业升级，走出了一条特色发展之路。

太阳升镇特色的集聚，源于项目的强大支撑。随着三都大桥、幸福大桥、杨梅渡大桥的相继落成，“一河两岸”大发展框架初具雏形，工业项目区的建设，对集镇的发展产生了积极影响。特别是随着武吉、修平高速公路的建成，借助区域大交通构建工业区与城镇相互依托的发展格局，太阳升镇将驶入发展的快车道。

二、文化旅游特色

太阳升镇历史悠久，民风淳朴。地处修河下游，河床宽阔，风光秀丽，古迹众多，蕴藏着丰富的地域文化和民间传说：如和尚庄文峰塔的历史使这里充满传奇色彩；石家尖的民间故事至今仍吸引着后人；宋家巷的爱国情怀令人动容；阎王岩的神奇险滩令人心潮澎湃；杨梅渡古樟群的文化渊源厚重而又传奇等等。

为了串联起这些珍贵的资源，太阳升镇修建了一条沿河观光路，这样既能防治两岸的水土流失、抗洪排洪，又能为打造太阳升镇的乡村旅游奠定基础。目前，河西沿河

路已接通幸福大桥，形成沿河旅游经济风景圈。利用三都大桥西区到幸福大桥荒芜的河滩地，已建成一条美食街和一个新广场。这里汇聚了三都包哨子、三都龙虾、三都炒粉等地方名小吃，为游客提供了一场味蕾的盛宴。

太阳升镇境内三桥互错，水坝横江，千年古樟见证历史的沧桑。太阳升镇汇七乡碧水直入鄱阳湖，展现了大自然的鬼斧神工。“八月初一”传统的大型集市和端午节赛龙舟活动，是修河地区独具特色的民间传统。为了更好地弘扬传统文化，太阳升镇清理修河水道，建设龙舟比赛和其他水上项目训练比赛场馆，引进、策划、组织各种水上比赛和水上游乐项目。

太阳升镇积极挖掘屈原文化。修水地处吴头楚尾，是屈原流放生活的重要场所。据史书记载，当年屈原举家流放在修水，并将女儿纬英嫁在修水。为了纪念屈原父女，太阳升镇举办龙舟比赛，制作龙船灯、花鼓灯，这些民俗活动已传承千年。如今，在修河边已建成屈原文化主题公园，该公园是太阳升镇弘扬爱国主义精神，传承屈原文化的创新举措，进一步推动了当地产业、文化、旅游的融合发展。

今逢盛世，国富民强，太阳升镇党委、政府挖掘车田深厚的文化资源（见图2-26），利用古樟群的地理优势，着力打造修河两岸旅游风景带。这里绿树成荫，是消暑纳凉的好去处，更是户外野营的首推胜地。每到节假日，人们纷纷驱车前往杨梅渡，与亲朋好友聚会拍照、亲子娱乐，体验摸鱼钓虾捉螃蟹的乡间野趣。太阳升镇正以其独特的文化旅游魅力，吸引着越来越多的人前来探访。

图2-26　太阳升镇车田村雕塑（拍摄于车田村）

扫码看彩图

三、小镇发展前景

（一）以杨梅渡古樟群引领古色文化小镇

坐落在太阳升镇车田自然村河畔的一片高大浓密的树林，便是历经千年的罕见古樟群，数十棵古樟高及十丈，棵棵皆须数人合抱，传说这片闻名遐迩的古樟群为唐代“大历十才子”之一的南阳著名诗人韩翃所栽，这里还是抗战时期长沙保卫战国民党驻军之地（见图2-27）。近年来，太阳升镇依托该地丰富的生态资源和深厚的抗战文化底蕴，大力实施乡村振兴战略，开展秀美乡村建设，在古樟群景点内新建大门、凉亭、纪念雕塑、游客步道、吊桥、儿童乐园等基础设施，成功打造亲子游戏体验区、千年古樟观赏区、特色产业采摘区、抗战纪念馆和“妇女半边天”纪念馆。实现“住在车田，犹如住在画中”的田园效果，每年吸引大量各地游客前来观光旅游，开展诗歌创作、新闻笔会、牵线搭桥、野炊烧烤等各种特色文化活动。

图2-27　太阳升镇车田村杨梅渡古樟群（拍摄于车田村）

扫码看彩图

通过以杨梅渡古樟群乡村旅游为“引爆点”，依托现有的古樟群，近年来，太阳升镇沿修水河以杨梅渡为起点，沿河而下，在杨梅渡、城坳、农科所、三都、坳头、梁口、坪塅和洋湖8个行政村打造十里修河“古樟长廊”，沿河十里现有100年以上树龄的古樟树3000棵，新植1万棵。与此同时，因为生态、水域良好，这里每年冬季还是中华秋沙鸭的过冬之地，到这里欣赏、拍照、游玩成了县内外游客的热门。十里黄金水域，还是一河

两岸人民端午节龙舟赛的赛道。每年端午节期间，为了纪念爱国诗人屈原，淳朴的太阳升人民都要举行龙舟赛，数万名群众齐聚两岸，以这种古老而又特殊的方式欢度端午佳节，成了太阳升镇独具一格的古色文化。

近年来，为了顺应发展，打造十里修河古色文化，太阳升镇加大了基础设施建设力度，通过创建特色小镇，从村庄提升、河堤建设、老旧小区改造、人居环境改善等涉及民生实事出发，以精品集镇建设为着力点，提高公共服务设施建设力度，从公厕、公墓、饮用水、集镇街道以及教育等方面工作长远考虑，加大资金投入，进一步丰富古色文化小镇的内涵，使其成为游客流连忘返的田园胜地。

（二）以高家自然村为突破打造万亩蚕桑特色文化小镇

太阳升镇是全省著名的蚕桑基地，曾获评“江西蚕桑第一镇”，种桑养蚕不仅是该镇的富民产业，也是该镇实现绿色崛起，打造蚕桑特色文化小镇的主要抓手。在深度挖掘产业发展的基础上，太阳升镇党委、政府坚持“一乡一品”发展思路，新发展蚕桑基地两个。高家自然村是太阳升镇著名的蚕桑村，全村村民全力发展蚕桑产业，太阳升镇结合该村蚕桑产业发展特色，依业造势，开展以蚕桑文化为主基调的秀美乡村建设，在全镇产生积极影响。镇党委、政府努力探索和实现“公司＋农户＋合作社”一条龙经营模式，产业布局由分散向集中转变，经营模式由零星向适度规模转变，有效地拉动了蚕桑第二、三产业链发展。

太阳升镇坚持从蚕桑特色文化小镇建设出发，加大商业项目开发力度，从一河两岸规划出发，重新打造河东新区，开发新城区，引进外商外资开发商住楼盘，既带动地方经济，活跃市场，同时也为地方政府带来源源不断的税收。通过商业项目发展为引擎，将山水、民俗美食、蔬菜田园等特色乡村资源融入旅游规划，大力发展生态游、观光游、采摘游，为全镇及周边乡镇居民群众提供了更多的就业岗位。与此同时，通过以蚕桑产业发展为龙头，大力发展林果、油菜、茶叶等传统产业。新建茶叶基地，由专业合作社运作。新建果树基地，目前长势喜人，三到五年后，开始挂果收益。

（三）以万亩油菜花为依托，助力绿色文化小镇建设

每年到太阳升镇看油菜花成了修水县和周边县市居民群众的首选。为了将“生态观光休闲旅游”特色小镇创建工作做大做强，做深做实，太阳升镇先后加大资金投入，发展万亩油菜基地。主要涉及沿修河杨梅渡、城坳、农科所、三都、坳头、梁口、坪塅和洋湖8个行政村十里河道沿线，全力打造十里修河特色文化小镇。

结合十里绿色文化小镇建设，推动文化牌建设。以千年古樟群、中华秋沙鸭、端午龙舟赛、每年农历八月一日集镇庙会，以及三都龙虾节为节点，大力实施“旅游＋”发展模式，打造精品旅游线路，将乡村旅游和山水农家乐、观光采摘果园、城镇建设、文化节庆等有机结合起来，以“生态观光休闲旅游”特色小镇创建工作带动全镇各项事业发展。加大生态环境项目建设力度，加大了河道两岸绿化、河道疏浚、垃圾分类收集等工

作，兴建修水县第一家垃圾焚烧发电回收再利用项目。当地整合红色、绿色、特色旅游资源，充分挖掘文化底蕴，修复革命旧址，建设红色革命传统教育基地，使全镇形成了集旅游观光、休闲度假、体验农家特色于一体的产业链，有效推动了“生态观光休闲旅游”特色小镇的创建工作。

第六节　溶洞探秘小镇——天红镇

天红镇，位于江西省九江市彭泽县西南部，地处长江中下游西岸，四面环山，中部属平原丘陵地带。其地形可概括为“七山半水两分田，半分道路和庄园”。2017年，天红镇被授予九江市第一批特色小镇、省级卫生乡镇、江西省省级特色小镇、省级三产综合示范镇等荣誉。

一、小镇基本情况

天红镇交通便捷(见图2-28)，得益于彭泽县长江沿线“黄金水道”，水路通达四方。方圆200千米以内，有四座机场可供选择，铜九铁路、沿江高速穿境而过，形成水陆空立体交通网络，为天红镇的发展提供了良好的交通和区位优势。

扫码看彩图

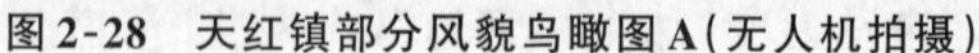

图2-28　天红镇部分风貌鸟瞰图A(无人机拍摄)

Note

二、典型旅游资源

天红镇城镇化进程加快，新盖的小楼、超市、银行、幼儿园等拔地而起，但仍保持着当地特色的历史文化和传统习俗。游客可以在这里感受到这座朴实小镇的深厚文化底蕴。群众自发组织开展游龙舟等民俗活动，历史悠久的洪府学堂及熄字亭等古建筑为小镇增添浓厚的文化气息；游客还可以品尝到天红镇独有的蒸米粑、豆粑等地方美食。

除此之外，天红镇最典型的旅游资源便是彭泽三洞，即龙宫洞、玉壶洞、玉仙洞，三洞为地下暗河型的岩溶洞穴。三洞相连，势成鼎足，总长达三千多米，各有特色，千姿百态，异彩纷呈。彭泽三洞历经沧海桑田，形成于距今五亿年的寒武纪时期。当时，以庐山为中心的数百里周围，是一片汪洋大海，海底沉积了厚厚的泥质石灰岩层。经过漫长的地质变化和地壳运动，海底上升为陆地，地下水沿着破碎带流动溶蚀，逐渐发展演化形成这批喀斯特溶岩洞群。

（一）龙宫洞

龙宫洞是彭泽三洞中最具代表性的一处景点，全长两千多米，洞内有千姿百态、充满神话色彩的溶洞岩景观，宛如《西游记》中描述的龙宫仙境。主要景点包括有龙门、寿星迎宾、游龙回宫与海鸟点灯、叠彩壁与仙游楼、巡海龙舟与定海神针等。

龙门是由洞中岩石构成的巨大拱形桥，宛如钢梁悬臂，为进洞必经门户，也是龙宫洞的象征。亿万年前，因地下水不断冲刷、溶浊，部分松软的洞顶塌落镂空，其坚实部分残留下来，搭在山洞之间，以形取义，地质学上称其为“天生桥”。龙门左右两边，各有清泉一道，潺潺流入龙泉池内，该泉水甘爽清冽，没有被污染，富含矿物质。

寿星迎宾。进洞不远，可见三位由巨大石笋组成的“海寿星”，这三尊石笋是在三万年前地球第四纪大冰期中形成，经历了沧桑巨变，是名副其实的“寿星”。

游龙回宫与海鸟点灯也是洞内颇有特色的景点之一，洞内有一根20多米长的石钟乳，形似游龙呼啸入宫；而游龙前的石笋则形如海鸟立于树梢，顾盼生姿。

叠彩壁与仙游楼的特色在于，叠彩壁是由渗透水侵蚀岩壁后形成的层层浮雕花纹，如波如锦；而宽阔平坦的仙游楼则仿佛是龙王及其王公大臣们怡情养性的地方。

巡海龙舟与定海神针也颇值得一看。巡海龙舟景象壮观，仿佛是三艘艨艟巨舰正迎着朝阳扬帆出海。定海神针则是一根粗壮的石柱巍然屹立在中流砥柱的位置，是龙宫洞的“镇海之宝”。这根石柱由洞底的石笋与洞顶倒挂的石钟乳相向生长而成，上面还清晰可见石柱形成过程中的层次构造和花纹密布的雕刻图案。定海神针以顶天立地的雄姿英态傲视着周围的乱石千秋万代(见图2-29)。

Note

图2-29 龙宫洞定海神针图(拍摄于彭泽龙宫洞景区内)

扫码看彩图

(二)玉壶洞

玉壶洞处于龙宫洞西侧,很久以前,人们就发现了它。据清同治版《彭泽县志》记载,玉壶洞在仙真岩左下侧,洞深七八里,水绕洞出,遇旱,系之可灌田。洞内石田数块,清流四时不竭。洞内石壁上有古刻诗,“十里扶筇秉烛游,信知仙洞异凡流,我来不忍回头去,恐坠西山红日头”。《彭泽八景》诗第一句便是“玉壶仙风送客游”,可见玉壶洞早就列为彭泽八景之首。

时光荏苒,至1978年,随着龙宫洞的开发,玉壶洞得以重建。玉壶洞全长800米,其中水洞约占三分之二。游客可乘轻舟入洞,感受洞中的宁静与清凉。洞内钟乳石景观惟妙惟肖,可以看到“龙虾入水”“群象饮水”“倒栽灵芝”“蓬莱仙境”等各类钟乳景观,令人惊叹。

最引人注目的是玉壶洞的入口处,入洞即见一座天然的大厅,宽广开阔,可容纳千余人,顶部为拱圆形,正中倒挂石莲花,花瓣饱满肥美,宛如水中盛开的莲花。四周岩墙石壁,坚固森严,让人感叹大自然的神奇造化。

(三)玉仙洞

玉仙洞的形成年代及地质特征与龙宫、玉壶二洞基本相同。玉仙洞起自玉壶洞大厅的左侧,穿山直上,直达千年古刹“仙真岩”。“玉仙洞”之名,正是取自玉壶、仙真二景

Note

之首字,寓意左右逢源、互通连接的美好愿景。

玉仙洞洞内景观千姿百态,奇妙无穷。其中,“雄狮奋吼”景观中,岩石如一头威武雄壮的狮子正震鬃怒吼,其威势足以震慑四方;“河马出图”则奇石林立,仿佛讲述着洪荒远古时代,玉帝派神马献图于人类的传说故事,后人将其演绎为天、地、山、泽、风、雷、水、火的形状,寓意着知识的起源与传承。此外,玉仙洞中的“石象腾云”“仙蟾伴月”“巨舰扬帆”等景观也各具特色,令人目不暇接。

值得一提的是“天上黄河”景观,它展现了“黄河之水天上来”的磅礴气势,十几米长的岩洞顶,展现出怒涛滚滚、奔腾呼啸的黄河图景,气势磅礴,令人震撼。地质学家考证,亿万年前,这里是泥沙堆积很厚的海底,经过地下水的冲刷和溶蚀,把能带走的浮沙都带走了,留下的泥沙则和岩浆牢固地结合在了一起,经过漫长的沉积风化,最终形成“天上黄河”这一地质奇观。

最后是玉仙洞的主体部分——玉仙楼。这里琼楼玉宇、金碧辉煌,洁白的龙柱,水晶般的宫墙,造型各异的宫灯,锦绣生辉的壁挂,琳琅满目,美不胜收,使人仿佛置身于一个美轮美奂的仙境之中。

三、小镇发展前景

天红镇坚持以五大核心内容引领发展,分别是特色鲜明的产业形态、和谐宜居的美丽环境、彰显特色的传统文化、便捷完善的设施服务和充满活力的体制机制,其目标清晰明确,即将天红镇打造成为一个产业独具特色、功能高度聚合、形态小巧精美、机制新颖灵活的现代化小镇。为实现这一目标,天红镇大力整治人居环境,全力发展并充实产业,倾力完善基础设施建设,竭力展现特色文化,并在此过程中不断地创新体制机制。经过持续不断的努力,天红镇的特色已初步显现。

(一)特色鲜明的产业形态

产业是特色小镇生命线,而天红镇按照“一年打基础,两年成雏形,三年出特色”的目标定位,依托得天独厚的国家AAAA级景区龙宫洞和千年古刹仙真岩等旅游资源,结合高标准农田建设,按照“观光旅游+现代农业”的产业定位大力培育产业项目。目前,天红镇已形成千亩花海、千亩田园综合体、千亩中药材、千亩稻虾共作“四大产业”,并依托“四大产业”成功创建省级现代农业示范区,为当地经济发展注入强劲动力。

(1)发展中药养生产业。

天红镇引进了轩霖农业公司,建设中药材产业基地,并配套建设育苗大棚、加工厂房、仓储室、产品销售展厅,打造集中药材育苗、采摘、观光、加工和销售为一体的中药材融合发展产业园,实现一二三产融合发展。小镇目前正积极推动产业规模向品质、品牌转变,开展中药材产品“三品一标”认证,生产有机生态绿色产品,进一步提升产品的知名度和市场竞争力。以“传承中药守正创新”为理念,天红镇致力于将自身打造成中药养生特色小镇。

(2)发展生态种养产业。

天红镇结合高标准农田建设,已培育5000亩稻虾共作、千亩油茶和千亩红心猕猴桃等特色种养产业。大力培育农产品品牌,增加绿色优质农产品供给,提升农产品效益、推进农业绿色发展,并结合本镇实际,积极调整生态种养产业结构,以打造绿色富民产业为总抓手,带动农民增收,提高农民幸福指数。

(二)和谐宜居的美丽环境

在集镇方面,投入千万元完成集镇新街徽派改造和市政提升项目;投入亿元完成集镇污水处理;投入百万元完成老街排涝项目;投入亿元对集镇老街外立面出新、店招统一规范、弱电下地、人行道改造、新改建停车场等项目进行改造。镇区内沿街建筑立面的体量、色彩、细部协调统一,店铺布局管控有序,标识、广告牌等统一协调,通过以上举措,集镇功能品质得到进一步完善提升,并连续获评全县首个国家卫生镇、江西省文明村镇、省级三产融合示范镇、九江市“特色气候小镇”。

在乡村风貌方面,天红镇投入资金完成26个新农村点、2个秀美乡村点、26个村级生活污水处理点建设;6座废弃矿山的治理修复;1600余座农村厕所提升改造,拆除高能耗、高污染的瑞鑫砖厂。治理之后,镇域内农房建设规范有序,无乱占耕地、乱搭乱建、乱堆乱放现象,整体风貌规范有序和谐统一。天红镇下辖庙前村、团结村获评首批“国家森林乡村”,此外,天红镇下辖行政村中有5个村获评“九江市生态村”。镇村面貌大变样,美丽宜居颜值高,提高了群众的幸福感、满足感和获得感。

在整体环境方面,镇综合执法队对集镇出现的乱停乱放、乱摆乱挂、乱扔乱丢等行为实行常态化巡查管控;村组按照Ⅰ、Ⅱ、Ⅲ类标准分类落实村庄长效管护,确保全镇始终保持干净整洁有序。通过有效管理,天红镇生态环境改善,民生福祉增强。

(三)彰显特色的传统文化和便捷完善的设施服务

天红镇通过一系列举措促进小镇文化走向全国,比如举办地方特色美食评选、民间技艺展示、歌舞戏曲比赛等群众性文化活动,挂牌、修复传统建筑,借助网络、镇村文化活动中心等平台将天红镇特色文化全方位彰显出来。此外,天红镇建成了集文化、体育、培训、科普宣传于一体的综合文化站,有可容纳数百人的多功能活动厅,以及图书室、阅览室、电子阅览室、文体室、乒乓球室、书画创作室、宣传长廊等场馆。天红镇为了满足更多群众需求,还建有集室外灯光篮球场、羽毛球场、露天舞台等一体的综合文化广场,为广大群众提供了茶余饭后的休闲娱乐场所。

(四)充满活力的体制机制

天红镇既在集镇建立长效督查管理机制,也在乡村推进常态化管理工作,让集镇规范化管理和农村长效管护都迈出了坚实步伐。同时,天红镇积极吸纳社会资金,特

色小镇建设呈逐年稳定向好的态势，并在土地流转、公共服务方面实现突破性创新，极大地促进了小镇的可持续发展。

本章小结

本文介绍九江文化旅游小镇，如吴城镇、牯岭镇、海会镇、休闲生态旅游特色小镇、太阳升镇和天红镇，它们各自具有独特的文化旅游特色和发展前景。这些小镇在挖掘自身特色的基础上，采用差异化发展模式，不断提高旅游品质，为游客提供更好的旅游体验。这些小镇旅游项目和发展方向，为我们提供了丰富的文化旅游研究案例。学习方法上，我们应深入挖掘各小镇的特色资源，理解其旅游产业发展背后的逻辑和策略，同时关注小镇的未来发展方向，思考如何在保护传统文化的同时，实现旅游产业的可持续发展。

一、复习题

1.请列举本章中的文化旅游小镇，并简要说明各自的特色和发展方向。

2.根据本章内容，文化旅游小镇的发展需要注重哪些方面？请列举至少三点，并简要解释其重要性。

3.请解释什么是文化旅游小镇的“差异化发展模式”，并举例说明。

二、思考题

1.在本章介绍的文化旅游小镇中，你认为哪个小镇最具发展潜力？请说明理由，并提出至少两点可以进一步推动该小镇文化旅游发展的建议。

2.结合本章内容，思考文化旅游小镇在推动当地经济社会发展中的重要作用。以某小镇为例，分析其文旅产业对当地经济、文化传承等方面的积极影响。

3.随着旅游业快速发展，文化旅游小镇面临着哪些挑战和问题？请结合本章内容，提出至少三点应对策略，以确保文化旅游小镇的可持续发展。

第三章
特色产业小镇

凡是宝贵的东西，都是静静地逐渐成熟起来的。

——（德国）歌德

学习目标

（一）知识目标

1. 掌握罗坪镇、漫江乡、流芳乡和棉船镇的基本地理特征和经济社会状况。

2. 理解各特色产业小镇的形成背景和历史沿革，包括重要的历史事件和人物。

3. 熟悉各小镇的特色产业及其发展现状，包括种植、交通、基础设施等方面的成就。

4. 了解各小镇在基础设施建设、土地流转等方面的政策措施和实践经验。

（二）能力目标

1. 能够运用所学知识分析特色产业小镇的发展潜力和优势。

2. 能够根据案例提出促进小镇特色产业发展的合理建议。

3. 具备一定的调研和数据分析能力，能够收集和整理相关数据，分析小镇发展的瓶颈和问题。

4. 能够运用现代信息技术手段，为特色产业小镇宣传推广和发展提供技术支持。

（三）德育目标

1. 培养学生的家国情怀，增强对家乡和国家的认同感和归属感。

2. 弘扬中华优秀传统文化，传承和发扬各小镇的历史文化。

3. 引导学生关注农村发展和乡村振兴，增强服务社会的责任感和使命感。

4. 培养学生的创新精神和实践能力，鼓励他们在特色产业小镇发展中发挥积极作用。

第一节 生态产业小镇——罗坪镇

罗坪镇地处武宁县城东南部，东连本县扬洲乡，南接靖安县，西依县工业园区，北与本县巾口乡隔河相望，交通便利，既是一个林业大镇，也是一个库区移民大镇，境内森林资源丰富，森林覆盖率达71.3%。

一、小镇概况

罗坪镇濒临国家级风景名胜区——庐山西海，区域交通优势明显，交通便捷，省道306焦武线穿境而过，集镇距县城仅16千米，距离南昌昌北机场70分钟路程，距武汉、长沙约2—3个小时车程，距永武高速路口18千米，处于三省省会城市“金三角”地带，同时也是武宁县城的东大门。小镇大力发展生态休闲养生旅游业、生态农业、花卉苗木产业等绿色产业，先后获得“国家级生态乡镇”“全国环境优美乡镇”“全国服务农业基层文化先进集体”“江西省文明乡镇”“江西省卫生乡镇”“全省林权制度改革工作先进集体”“省级生态旅游示范乡镇”“江西省绿色养老先进乡镇”等荣誉称号。辖内“林改第一村”——长水村，生态环境优越，生态保护良好，长水景区现已被评为4A级旅游景区。该镇立足生态资源基础，紧抓全域旅游的发展趋势，以养生度假为发展核心，建设生态旅游特色小镇。

二、小镇产业

罗坪镇以生态产业化、产业生态化为目标，以花卉苗木、特色林果业、林下经济产业为发展方向，全镇新开辟高山古茶园200余亩；新增红豆杉、非洲菊等休闲观光产业基地4个，新增葡萄、红心猕猴桃、杨梅、草莓等特色果业基地9个，面积4000余亩；土鸡养殖6万余羽，新增有机蜂蜜800余箱，全镇蜜蜂养殖突破3000箱，特色生态产业值达1亿元。

小镇把推进全域旅游作为利用生态，促进农民增收的抓手。长水村如今是国家级4A级旅游景区、省5A级旅游示范村庄、全省生态旅游特色小镇，小镇旅游基础设施得到了进一步的完善，完成了4座旅游桥梁、2座3A级旅游公厕和一处绿色停车场建设。同时，小镇健全机制保护生态环境，完成低产林改造700余亩，新增天然保护林5.4万亩，巩固生态公益林8.6万亩，吸引了大量游客前来休闲旅游(见图3-1)。

扫码看彩图

图3-1　罗坪镇关山村风貌图(拍摄于关山村)

三、发展方向

罗坪镇围绕"生态立镇，旅游强镇，产业兴镇，民生安镇"的发展思路，全力建造"富裕、秀美、幸福"新罗坪，生态旅游特色小镇的发展坚持以人为本，围绕居住、出行、游乐三大服务需求，优先建设基础服务设施和相关配套设施，按照"空间上集约舒适、功能复合，交通上便捷高效、绿色环保，景观上生态入眼，人文动心，体验上文明行动，满意罗坪"的原则优化特色小镇，充分挖掘吃、住、行、游、购、娱、学等方面的需求业态，探索一条适合罗坪特色小镇的发展之路。

罗坪镇特色小镇发展与建设分为三个重点部分，分别是北部柘林湖片区、中部罗坪镇区、南部长水片区。小镇规划北部柘林湖片区主要发展湖岛观光、水上运动板块，中部罗坪镇镇区作为罗坪镇旅游接待中心，南部长水片区主要发展养生度假板块。罗坪特色小镇的稳步发展离不开三个片区的建设。

第二节　宁红茶叶小镇——漫江乡

漫江乡位于修水县南部，距县城42千米，面积102.6平方千米，耕地面积9千余亩，山林面积13万余亩。漫江风景秀美、人杰地灵、物阜民丰。漫江乡立足生态资源基础，紧抓全域旅游的发展趋势，紧抓养生度假为发展核心来打造生态旅游特色小镇(见图3-2)。

图3-2 漫江乡古街景观图(拍摄于漫江乡古街)

扫码看彩图

一、特色漫江

漫江乡是江西“四绿一红”5个省重点茶叶品牌之一“宁红茶”的原产地,所产宁红茶素有“茶盖中华,价甲天下”之美誉和“宁红不到庄,茶叶不开箱”之美谈(见图3-3)。历史上漫江乡茶铺林立、商贾云集,先后孕育了罗坤化、郭敏生、莫雪岷等三代著名茶商,境内至今保存有古茶铺、茶码头、茶马古道、驿站凉亭等旧址遗迹。全乡现有茶园4500多亩,桑园3000多亩,茶叶、蚕桑规模以上企业各一家。

图3-3 曼江乡宁红茶园图(拍摄于曼江乡茶园)

扫码看彩图

二、绿色漫江

漫江乡境内山林苍翠、土质肥沃、风景秀丽,有3A乡村旅游点一处,是县内外游客

特别是摄影爱好者的"打卡"胜地(见图3-4)。漫江乡森林覆盖率达81.1%,是国宝中华秋沙鸭的栖息地,被评为国家级生态乡镇。

扫码看彩图

图3-4　漫江乡公园图(拍摄于漫江乡古街)

三、古色漫江

漫江乡自古民风淳朴、文风鼎盛、人杰地灵,境内的尚丰村是宋代名臣、修水八贤之一莫将的故里。尚丰村风景秀丽、人杰地灵,有"公孙三太守、父子两尚书、四代五尚书、四十八进士,举人路数路,秀才卖豆腐"之美谈,仅北宋一朝就先后走出了24位进士、5位尚书,故又名"尚书村"。尚丰村现有莫将及其父莫援衣冠冢1座,宋代义勇将军莫以忠古墓1座,古建筑莫氏宗祠1处,古建筑刘家大屋1处(见图3-5)。

扫码看彩图

图3-5　漫江乡尚丰村鸟瞰图(无人机拍摄于尚丰村)

Note

漫江乡还是修水宁河地方戏的主要发扬地，修水散原中学也是在这里由原赣西北临时中学更名成立的。

四、发展前景

（一）推动产业集聚集群，培育壮大工业主导产业

漫江乡未来将加快产业转型升级，推动工业质量变革、效率变革、动力变革，提高工业核心竞争力。推进产业集聚发展，培育壮大龙头企业，强化各项要素保障。依托漫江乡宁红茶原产地这个品牌优势，突出打造“以茶叶为核心主导的集体经济发展万亩产业组团”，做好做实“产文旅”融合文章，切实推动“一二三”产互动发展，实现最大效益，推进乡村振兴战略落实。

（二）巩固脱贫成果，推动脱贫攻坚与乡村振兴有效衔接

漫江乡紧扣脱贫攻坚与乡村振兴“交汇期”，持续巩固拓展脱贫攻坚成果，加快推进产业发展、村庄建设、乡村治理、乡风文明等工作衔接，努力夯实乡村振兴基础。以立足本乡实际、彰显地方特色为主轴，依托地势，将生态、民居、文化等融入精细规划，建筑主体采用徽派风格，白墙黛瓦搭配山水墨画，色彩非常素雅，在建材选用上注重生态、自然的，颜色搭配在3种以下，彰显“莫将故里·毓秀尚丰”人文历史的厚重感和自然、原生态的沧桑感。

（三）做活旅游商贸，深度挖掘经济增长潜力

漫江乡提升旅游商贸发展质量，有效扩大市场消费需求，培育经济发展新活力。深入推进文旅融合，加强品牌创建，实现旅游人次和旅游综合收入分别增长10%以上，并推动商贸消费升级。

（四）提升城镇功能品质，统筹推进城镇协调发展

漫江乡坚持新型城镇化战略，持续提升城市功能和品质，积极支持集镇发展，着力培育一批精品特色小镇。

（五）深化改革创新，全面激发市场主体活力

漫江乡可以持续深化改革创新，不断破除体制机制障碍，加快推进创新发展，切实增强发展内生动力。深化重点领域改革，不断优化营商环境，并加大本地的科技创新力度。

（六）保障和改善民生，不断增进群众福祉

坚持把实现好、维护好、发展好广大人民根本利益作为一切工作的出发点和落脚

点，加快漫江乡公共服务体系建设和社会事业发展，不断提高群众的获得感、幸福感、安全感。持续强化民生保障，全面发展社会事业，并加强生态文明建设。

第三节　豆香小镇——流芳乡

流芳乡位于湖口县南部，东南与都昌春桥、苏山两乡交界，西南与舜德乡为邻，北与城山镇毗连。境内三水汇聚；S214、X801贯穿全境，交通便利。素有“都湖贸易并集于此，南境市之盛者”之美誉，商贾云集，贸易发达，亦称“流芳市”。近年来，流芳乡紧紧围绕“一粒豆子、一个产业、致富一方百姓”的目标，打造豆文化产业园，创建特色小镇（见图3-6），获全国一村一品示范村镇、省级生态乡镇、省级卫生乡镇、全市“双十示范乡镇”、市级特色小镇等荣誉称号。

图3-6　湖口流芳乡豆香标识图（拍摄于流芳乡）

扫码看彩图

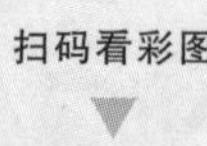

一、基本情况

湖口县流芳乡地处鄱阳湖畔，生态环境优美，是省级生态示范乡镇，全乡面积50.6平方千米。大豆是流芳乡传统优势农产品，该乡大豆种植历史悠久。大豆和豆制品品质好，二十世纪曾作为江西豆制品出口标样商品。该乡大豆产业以流芳为中心，辐射到都昌苏山、春桥，邻乡舜德、城山、武山等乡镇（见图3-7）。洪武三十年（公元1397年）春，解缙偶食豆参，因其“生韧熟软，口感稠劲，色味鲜香”的独特风格，取名“流芳豆参”至今有六百余年的历史。

Note

图3-7 湖口流芳乡豆香工业园规划图

扫码看彩图

二、产业发展

大豆起源于中国，至今已有5000年的种植史，全中国普遍种植，在东北、华北、陕、川及长江下游地区均有出产，以长江流域及西南栽培较多，以东北大豆质量最优。大豆是中国重要粮食作物之一，世界各国栽培的大豆都是直接或间接由中国传播出去的。由于它的营养价值很高，被称为“豆中之王”“田中之肉”“绿色的牛乳”等，是数百种天然食物中颇受营养学家推崇的食物。中国大豆的集中产区在东北平原、黄淮平原、长江三角洲和江汉平原。其中，东北春播大豆和黄淮海夏播大豆是中国大豆种植面积最大、产量最高的两个地区。

大豆营养丰富，也可以做成各种豆制品，如豆豉、豆参等。豆豉古代称为“幽菽”，也叫“嗜”。豆豉在春秋战国时期就有了。到了唐朝，豆豉不仅是一种调味品，也单独成了一道下酒菜，皮日休的“金醴可酣畅，玉豉堪咀嚼”即可为证。

湖口豆豉是一种有着百余年历史的地方名特产品，是江西省九江市湖口县的传统调味品，以其独特的传统手工技艺和“味美香幽，香而不腻。肉桂皮酥，入口即化，久煮不烂，久储不霉”之独特风味著称于世，享有“中华一绝”的美誉。此豆豉色泽黑亮，颗粒均匀，香味浓郁，美味可口，用这种豆豉烹饪的“豆豉烧肉”“辣味风尾鱼”“家乡豆腐”等菜肴，已成为湖口县传统风味名菜。湖口豆豉因其历史悠久、工艺独特、鲜美可口，被列入第二批市级非物质文化遗产，江西省非物质文化遗产名录。先后荣获中华老字号、江西省著名商标、“国家地理标志保护产品”荣誉。

近年来，湖口豆豉产品由过去单一的咸干豆豉，增加到有盐、淡、五香、香辣、麻辣、

八宝等多种味道，并分袋、盒、瓶、罐、听等五种系列三十多种品种。

豆参也是一种极受大众欢迎的豆制品，是江西省地方传统特产，亦称“豆葱”“参麸”，主产于九江市湖口、都昌、柴桑等县区及上饶市鄱阳等县。

流芳豆参历史悠久，是国家地理标志产品。流芳豆参长约三寸，色泽金黄，体形溜圆，清香可口，味鲜独特，富含人体所必需的13种氨基酸，品相好，口感佳，可烹制各种美食佳肴，具有“生韧熟软，口感稠劲，味道鲜香”的独特风格，由于豆参保持了大豆中的蛋白质，脂肪，无机盐和多种维生素，且熟食绵软，是老幼咸宜，优质健康的食中珍品。豆参可以单独成菜，菜形美观，口味独特。尤其适合鸡、肉、鱼等一同炆煮，它饱吸高汤浓汁，浑身水亮，一口咬下，热汤四溢，绵软如絮，鲜香满口，令人不愿辍筷。

有一个关于流芳豆参与解缙结缘的故事。解缙(1369—1415)，洪武二年(公元1369年)出生在吉水县城一个做豆腐的人家。解缙小时候聪颖绝伦，有“神童”之称，还是个美食家，他酷爱食“豆”，“流芳豆参”更是他最心仪的美食，因此留下了不少佳话趣事。洪武三十年(公元1397年)春，解缙游至庐山，夜宿庐山东林寺，在斋宴上他第一次品尝到了流芳所产豆参，其色泽金黄，外酥内嫩，软滑爽口，味道鲜美，使他赞不绝口。他盛赞豆参“生韧熟软，口感稠劲，色味鲜香”的独特风格，取名曰“流芳豆参”。

如今，流芳大力发展豆产业，采取了一系列措施推动豆产业的发展。其中值得一提的便是打造了“百豆园”。打造百豆园，让百姓体验百豆文化，是流芳豆产业发展的重要举措。该乡搜集和整理了传统、特色、优新豆类品种，构建了百豆品种展示园，以品种的特种颜色为突破口，筛选出五色大豆、五色小豆、五色绿豆新品种，引进了多种小豆、绿豆、大豆等豆类作物，收集了近百个豆类品种，建设“百豆园”，汇聚天下名豆，编制“中华全豆图”，开展豆类品种种植试验、示范，极大地丰富了豆产业的内涵，将“百豆园”打造成“科普基地”“豆类王国”、旅游观光胜地。此外，流芳还研发豆皮、豆酱等衍生产品，进一步丰富了豆制品产品线。

三、发展方向

湖口县流芳乡豆香小镇品牌定位为江西豆产业农创特色小镇；品牌名称为流芳豆香小镇；品牌口号是“流芳豆香小镇一粒豆子的传奇”。

湖口县流芳香豆香小镇由“四个传奇”价值支撑，将“实施五大战略”，一是创牌，打造豆香小镇品牌；二是串线，快速营造小镇氛围；三是布点，小镇核心区的打造；四是成面，形成豆香业态氛围；五是炒热，精准传播迅速打响。

流芳乡政府在县委，县政府和乡党委的正确领导下，按照县委“打造新型工作，推进城乡一体，加快绿色崛起，率先全面小康”的发展战略，聚力“一核三带”，明确“助推新型工业，发展边贸经济，推进镇村建设，打造秀美流芳”的总思路，围绕建设“生态美镇，产业强镇、旅游旺镇、宜居重镇”的目标，全乡人民齐心协力，努力构建“富裕、和谐、秀美”的新流芳。一是做大做强以“流芳豆参”为主导的豆产业，走“生态化种植，标准

化加工，品牌化营销，豆文化传播”之路，围绕“豆参特色小镇”“美丽豆香建设”，以示范基地为龙头带动千家万户，把豆产业做成兴乡富民产业。二是做好以澜德家庭农场为主导的特色生态乡村游，全力开展美丽乡村建设，打造了镇北新农村建设精品示范点，加快镇东新区开发，将流芳打造成集生态休闲、特色文化产业、旅游观光于一体的风景区，做强流芳的服务业。三是拉大镇架框架，以豆文化产业园、镇村联动新区开发，流芳老街、悠闲广场为亮点，提升集镇品位，以农贸市场、中小学及中心幼儿园建设、酒店宾馆等为一体，强化配套功能，增强承载力，聚集人气，做强宜居小城镇。将流芳打造成以生态农业、悠闲旅游，美丽宜居为主的“生态美镇、产业强镇、旅游旺镇、宜居重镇”。

第四节　油菜花小镇——棉船镇

彭泽县棉船镇方圆104平方千米，是位于赣北长江中心的一个岛镇，为江西省最北门户，上游望长江孤岛小孤山，南与长江天堑马垱矶对峙，北与安徽望江、宿松两县隔江相望。目前，全镇有12个行政村，是彭泽县最大的农业乡镇（见图3-8）。

图3-8　彭泽棉船镇码头图（拍摄于棉船镇）

扫码看彩图

一、经济社会

棉船镇属冲积洲地，有耕地6.9万亩，地势平坦广阔，土地深厚肥沃，适宜种植多种农作物，尤其以种植棉花、油菜而闻名，素有“全国产棉第一镇”之美誉。自二十世纪九

十年代起,棉船皮棉总产、单产连续七年名列全国乡级植棉高产榜首,2010年棉船镇总产历史性突破20万担。

棉船镇党委、政府积极争资争项、团结各方力量,高位推进全镇高标准农田建设。棉船镇在土地流转上花心思,在招商选资上下功夫,在基础设施建设上使大劲,力求通过高标建设,形成一批集中连片、设施齐全的优质耕地以供优质项目落户,带动全镇农业生产的规模化、产业化。

棉船镇虽为岛镇,但基础设施完善、交通发达便利,电视台、卫生院、中小学、敬老院等民生场所一应俱全,物资供应也十分充足,岛内公路总里程达150余千米。其中乡级主要干道横通竖达,平均宽度达7米;各村通组公路星罗棋布,可通往任何一家农户,平均宽度达4米,基本实现了水泥路的全覆盖。另有东边河、光明、江心、升洲等7个渡口,有十余艘渡船,南通马当并与301省道接壤,北通安徽望江、宿松两县,过江十分钟即到。占客运量90%以上的东边河渡口有汽渡、客渡各两艘,两艘船合计最大载车辆为100辆(标准小轿车)。平均每小时一航次,基本可以满足来往的人车流量即来即走。

二、历史沿革

棉船镇的形成始于明朝中期,建村于明末。历史上有蛾眉洲、八宝洲、粮洲和八保洲等称谓。1912年10月,孙中山先生到彭泽段长江水域视察并在《建国方略》中关于整治扬子江部分专门提到"粮洲岛"(也就是棉船)的重要性。中华人民共和国成立以后,在此设立江北区,1958年成立江北人民公社,这一时期棉花的种植开始大面积铺开并形成规模,移民迁入住户逐渐增多,形成中华人民共和国成立后的第一次移民潮,移民主要以安徽桐城、枞阳等地人为主,目前棉船镇1949年以后的移民及其后代占比达90%以上。1962年10月,时任江西省省长邵式平到江北公社视察,见此地四面环水,地形似船,又盛产棉花,于是提议更名为棉船公社,并亲笔题书"棉船人民公社",棉船称谓由此沿袭至今。1984年改棉船乡,1994年3月撤乡建镇,成立棉船镇。

棉船镇为县级爱国主义教育基地。1949年4月21日渡江战役在这里打响,"灵芝号"渡口(位于棉船镇江心村)被誉为"解放江南第一渡",目前也是油菜花旅游文化节主景区重要景点。近年来,棉船镇先后荣获"全省先进乡镇党委""省级先进乡(镇)人民政府""省级文明村镇"等多项殊荣,并连续两次被民政部授予"中国乡镇希望之星"。2015年2月28日,棉船镇被中央精神文明建设指导委员会正式授予"全国文明村镇"的荣誉称号,这是对棉船镇党委、政府和全体棉船人民最大的肯定与鼓舞。

三、油菜花节

棉船镇以"江中花海·魅力棉船"油菜花旅游文化节为载体大力发展生态旅游、推进农旅融合。截至2024年3月,旅游文化节已成功举办十届,创造了较大的经济价值,品牌效应也日益显现。2015年12月,江心村主景点被评为"江西省AAA级旅游景点",

Note

将棉船镇旅游经济发展推上了一个更高的平台。江心主景区修建了10处观景台、3个大型停车场、5千米花径小道、4处纪念景观，并配套设有公共厕所、景观茅屋、背景风车等各类基础设施30余处，使景区看点初具规模。

棉船镇一方面加大投入，着力完善基础设施、提升服务能力。另一方面，棉船镇抓住商机，大力推动餐饮、住宿、娱乐等服务业的发展，力求打造围绕旅游文化节的完整产业链，实现规模效益、附加效益，增加当地群众收入（见图3-9）。

图3-9 彭泽棉船镇油菜花图（拍摄于棉船镇江心村）

扫码看彩图

四、文化名村

江心村位于棉船镇西北部，与安徽省宿松县隔江相望。全村共有5735人（2024年统计），是全县第一人口大村。以种植棉花、油菜、小麦为主。村上有幼儿园、小学各一所，并设有卫生所。江心村产业有光伏发电、水果大棚。“江中花海·魅力棉船”油菜花旅游文化节主景区就在江心村，每年油菜花艺术节期间，群众通过开办农家乐、卖土特产等增加收入。

解放江南第一渡旧址位于“江中花海·魅力棉船”油菜花旅游文化节主景区（江心村境内），是中国人民解放军发起渡江战役，进入江西的第一个渡口（见图3-10）。

棉船镇抗洪纪念馆位于该镇江心村鳞字号，是利用江心村老礼堂改造建设而成，分为“我家住在水中央”“峥嵘岁月稠”“抗洪战歌”“展望未来”四个板块，立体生动系统地展示了棉船镇抗洪精神的传承以及与抗洪相关的历史文化。

扫码看彩图

图3-10　彭泽棉船镇江南第一渡图(拍摄于棉船镇江心村)

本章小结

通过对罗坪镇、漫江乡、流芳乡和棉船镇的特色产业进行简述,可见各镇乡均依托区位和资源优势,发展特色生态产业。罗坪镇以生态休闲养生旅游业和生态农业为主导,形成了特色生态产业体系;漫江乡则以宁红茶产业为核心,推动产业集聚集群和转型升级;流芳乡以大豆产业为基础,打造豆文化产业园;棉船镇则以种植棉花、油菜闻名,推进高标准农田建设。这些特色产业的发展为当地农民增收和乡村经济注入了新活力。

在学习过程中,应重点掌握各镇特色产业及其发展方向,理解生态产业化和产业生态化的重要性,以及如何立足资源基础推动旅游和特色小镇建设。同时,需要注意在产业发展中保障和改善民生,加强生态文明建设,实现经济发展和生态保护的良性循环。

复习思考题

一、复习题

1.罗坪镇主要依托哪些自然资源来发展其特色生态产业?请简要列举。

2.漫江乡作为“宁红茶”的原产地,其茶叶产业在当地经济发展中扮演了怎样的角色?

3.流芳乡的大豆产业有哪些特色和历史背景?为什么大豆产业能够成为该乡的传

统优势产业?

4.棉船镇是如何通过推进高标准农田建设来带动全镇农业生产的规模化、产业化的?

二、思考题

1.论述罗坪镇特色生态产业体系对当地农民增收和乡村振兴的具体贡献,并举例说明。

2.分析漫江乡在推动产业转型升级过程中可能遇到的困难和挑战,并提出相应的解决策略。

3.流芳乡如何通过挖掘大豆的文化内涵来提升特色小镇的文化品位?请详细阐述你的看法。

4.论述棉船镇基础设施的完善对其农业生产和经济社会发展的重要性,并给出具体理由和实例支持。

第四章
国家级传统村落

步步寻往迹，有处特依依。

——陶渊明

学习目标

（一）知识目标

1. 掌握各传统村落的历史背景、村名由来、地理位置等基本概况。

2. 理解各传统村落成为国家级传统村落的入选原因及其独特历史文化价值。

3. 熟悉各传统村落的典型资源特点、建筑类型、风格特征及艺术价值。

4. 了解各传统村落的非遗传统技艺、习俗、文艺活动及历史文化资源。

（二）能力目标

1. 能够运用所学知识分析典型传统村落文化特色和历史价值。

2. 能够通过实地调查或资料收集，整理和展示典型村落的建筑、技艺、习俗等物质遗产和非物质遗产资源。

3. 能够运用所学知识参与传统村落的保护、传承工作，如参与古建筑修复、传统技艺传承等。

4. 能够运用微信、短视频等帮助推广宣传传统村落。

（三）德育目标

1. 培养对家乡和国家的深厚情感，增强对中华优秀传统文化的认同感和自豪感。

2. 树立文化自信，认识到传统村落文化的独特魅力和价值，自觉维护文化的多样性。

3. 强化保护传承意识，积极参与传统村落的保护工作，传承和弘扬中华优秀传统文化。

第一节 修水县箔竹村

箔竹自然村是修水县黄沙镇一个边界自然村，处于眉毛山脚下，与宁州镇、黄坳乡交界，整个村落的79栋房屋全部为传统建筑。2016年，住建部等7部门联合公布第四批中国传统村落名单，修水县黄沙镇岭斜村箔竹自然村名列其中。

一、村落布局

箔竹村坐落在海拔800余米的眉毛山脚下，由箔竹开基始祖温恭公按照太极八卦图形规划而建。村庄四面环山，梯田纵横，竹林茂密，风光秀美。村内除明代郑氏祠堂、清代民居外，大部分为二十世纪五六十年代建筑，多以土坯房为主，内部多为“明三暗五”“明五暗七”布局。这些民房依山而建，大小不一、高低有序，东南相衬、左右呼应，独具特色。此外，箔竹村的明代下山殿古桥，由无浆石砌而成，具有很高的艺术价值(见图4-1)。

图4-1 修水县箔竹村全景图(拍摄于箔竹村)

扫码看彩图

远在明朝永乐十年(公元1412年)，箔竹开基始祖温恭公为了躲避战乱，由武宁珑溪迁居至箔竹，代代相传，至今有600余年历史(见图4-2)。

图4-2 修水县箬竹村老建筑图(拍摄于箬竹村)

扫码看彩图

箬竹村距县城30千米,远离城市喧嚣,是无水泥建筑传统古村落。村中的传统建筑、古道保存完好。来往道路多为原石垒成,房屋为黄黏土坯砖砌就,上下两层,屋前二楼均有吊脚楼式样的木制阳台探出;屋檐由原木挑梁,屋顶覆以青瓦;雕花木窗、木榫相连的大门、手工打磨的门槛,无不透露出这个村落的古朴厚重。箬竹村是按太极八卦形制设立的隐居村落,有"世外桃源"的美称。全村房屋依山而建,大小不一、错落别致,村落保存完整,现仍保存有九井十八巷、东西南北四门、30余栋传统民居等。进村石阶历史悠久,依然是原生态的石板路或泥巴路。村前有一条小溪,沿路溯溪而上,还可见瀑布20余处、明代古桥2座。

二、村落习俗

由于地处偏僻,箬竹村至今仍保留着竹片引水、土灶蒸饭、石磨豆腐、地窖储薯等传统生产生活方式。居民睡的是传统雕花床、坐的是传统板凳,农田耕种还是传统的牛拉犁田与人工肩挑。箬竹茶戏为宁河采茶戏中的一种,俗称为传统茶戏,曲调以黄梅采茶的"下河调"为主调。它简便通俗,旋律优美,其演出体制也受黄梅采茶戏"三脚班"的影响。箬竹茶戏剧团为八人规模,即二旦二生一丑共5位演员,加上3位乐手,俗称"八子班",唱响五邻四乡,流传至今。

随着社会的发展,如今该村落只剩下老人和少数中年人留守,年轻人全部搬下了山。村里的老人由于常年以素食和野菜为主,多健康长寿。

Note

第二节 修水县朱砂村

朱砂村是修水县黄坳乡一个边界村，处于海拔1775米的九岭山下，与武宁、奉新、靖安交界，四面环山，处于盆地中央，整个村落呈南北向狭长分布。朱砂古村自2014年起分别入选“中国传统村落”“江西省历史文化名村”“江西省AAA乡村旅游点”“九江市最美乡村旅游点”“修水美村”。

一、村名由来

修水县黄坳乡朱砂村历史悠久，唐宣宗年间（公元850年前后）由瞿氏九世祖瞿令奕公，从浙江省金华迁至本地，取名为柜竹湾。相传清乾隆年间，村里出现一巨型朱砂而闻名乡里，故名“硃砂”。二十世纪八十年代，更名为朱砂村（见图4-3）。

图4-3 修水县朱砂村风貌图（无人机拍摄于朱砂村）

扫码看彩图

二、村庄建筑

朱砂村地处八百里九岭山脉腹地，四面环山，田园阡陌，四水蜿蜒汇集，地似宝盆。古村老宅依水系面朝东方以“同”字形而建。全村30余栋房屋无一现代建筑（见图4-4）。

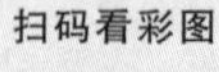

图4-4 修水县朱砂村古建筑图(拍摄于朱砂村)

朱砂村的传统文化资源丰富:传统技艺有石磨豆腐制作、烫米皮、手工木榨榨油、水车舂米、竹艺、石艺、酿米酒等;传统习俗有长龙拜年、元宵龙灯、菩萨过案、观音堂祈福、哭嫁、汤碗等;民间文艺有瞿家采茶戏和山歌。

除了传统文化内容外,村内古建筑群落资源也十分丰富。朱砂古村内有三幢堂、上位贤、下位贤、新屋里、洋屋里五栋清代古建筑(见图4-5)。上位贤建于清嘉庆十三年(公元1808年),为名医瞿朋年所建,整体木架框式,青砖灰瓦,木雕门窗梁柱,房间四十余间,天井五口,石砌地坪,天井、建筑体现传统风格,宏伟气派。下位贤建于嘉庆十七年(公元1812年),是嘉庆进士瞿位贤所建,下位贤有两个堂厅,左右续建铺面四个,房间五十余间,天井四口,青砖灰瓦木榷槩,石雕门窗梁,属朱砂村年代最早的古建筑之一。新屋里始建于清道光十年(公元1830年),本屋为当时大财主瞿献林所建,整体木框架,青砖灰瓦,木雕门柱梁,石雕窗户,二幢堂三十余间,天井三口。洋屋里建于清道光十五年(公元1835年),为瞿海门之父所建,本屋四个大门,进深各两重堂厅,四口天井、四面跑马廊,房间一百零八间,间间相通,整体木架结构,青砖灰瓦,木雕门窗梁柱,造工精艺复杂,具有古香古色的传统民族风情与江南建筑风格。三幢堂建于清乾隆五十年(公元1785年),有九十余间房间、十六处天井,高悬巨匾"德润花辉,济学若图,老尊姻台先生昆玉华居之庆,乾隆五十年二月贺,赐进士出身,翰林院检讨充内廷三通馆纂修,官加一级,年家眷教弟万承风拜题"。匾额为该屋落成之际,乾隆皇帝的老师万承风所赠。

除了三幢堂、上位贤、下位贤、新屋里、洋屋里五栋清代古建筑外,村内还有观音堂、古桥、古井、石砌围墙、古驿道、瞿氏培士小学和朱砂育婴堂等古建筑。

图4-5　修水县朱砂村古建筑图(拍摄于朱砂村)

扫码看彩图

其中,古驿道是古时由修水县通至靖安、武宁、铜鼓等周边县乡的商贸往来的驿道,自村北入口向南,沿朱砂河西岸,经下位贤、步僊桥、三幢堂西侧穿越古村内,向南通向黄港镇。朱砂古村周边的古驿道总长1800米,宽1米,在古村保护规划范围内的古驿道长700米。

瞿氏培士小学则是朱砂村瞿氏所建学堂。朱砂百分之九十五以上的村民属瞿氏后裔,清代为朱砂瞿家的鼎盛时期,清乾隆年间,瞿家创办明慧书院,培育子女读书,他们家家教严格,子女礼义周全。

清末民初,瞿家四十三世瞿海门成为当地有名的士绅。他于光绪二十七年(公元1901年)考取史学第二名,清宣统元年(公元1909年)考取举人,但他却淡泊名利,放弃仕途。他热心教育,倡捐办学,以本族"松阳"堂号和迁修始祖"令奕"命名,创办松园、令奕2所义学。据曾在培士小学读书6年的一位老人回忆:当时任教的8位先生,都是从外地请来的大学生,他们德才兼备、才干优长,对学生教育与影响非常深刻。学校门前曾张贴以"培士"校名撰写的对联,"培植恳恳树人树木,士子阶阶继往开来",充分表达了瞿海门办学的目的和决心。1937年培士小学更名为"私立培士小学",中华人民共和国成立以后改为"朱砂小学"。

朱砂育婴堂的建立颇有传奇色彩。相传有年冬天的夜晚,瞿海门带着管家从外地归来,路过邻村潭溪村时,听到一阵犬吠又伴有婴儿的啼哭声。管家告诉瞿海门,路边有弃婴。瞿海门即令停轿,叫人把婴儿抱来,举起灯笼一瞧,是个女婴。有趣的是婴儿不经意地笑了,在这样一个寒冷的傍晚,格外使人动容。瞿海门将其收留。清末至民国初期战乱频繁,许多百姓生活困难,生下婴儿后又无力抚养,因此,只有送人。闻知瞿海门拾婴回家抚养,许多百姓纷纷把婴儿送到海门家地场,鞭炮一放,就安心离去。为了抚养越来越多的婴儿,瞿海门决定设立育婴堂。育婴堂建筑面积有四五百平方

米，又邻近培士小学，适龄儿童就学方便。育婴堂聘请了哺育员，有专门的哺乳室，为每个婴儿做了标记牌子，并逐一记录出生年月、姓名、被弃地点、收养时间、抱养时穿的衣服颜色，以备日后有人来寻查婴儿下落。还有的百姓把孩子抱到育婴堂请其代为抚养，父母可以随时过来看望，孩子也能回家，等家境转好了父母再把孩子领回去。在不长的时间里，朱砂育婴堂前前后后收留有100多名婴儿，瞿海门夫妇视他们为自己的儿女，嫁娶时都会为他们准备一份不菲的嫁妆和礼金。而每年瞿海门夫妇做寿，成家在外的这些儿女都会相约前来，瞿海门夫妇的生日宴也成了朱砂村的盛会。朱砂育婴堂也因此而远近闻名。

第三节　修水县太阳村

太阳村位于修水县最北部，隐逸在太阳山中，距县城55千米。村落沿主干道滨水而建，房前开阔，屋后大树荫蔽，以数户人家为聚落，顺山就势不占用太多土地，体现了先人惜地如金的建设理念。村内历史遗存众多，民俗文化底蕴深厚。2019年，太阳村被纳入第五批中国传统村落名单。

一、山水相映

太阳村古朴纯静，整个村庄山水相映。太阳村所在的太阳山属亚热带季风气候，气候温和，四季分明，古木参天，有上万亩野生樱桃树和高山野茶。独特的生态环境造就了太阳山溪流纵横、河谷交错的水体景观。山中有溪流、瀑布130余个，山间平坦地带分布着肥沃的黑土梯田，是宜种、宜居、宜养、宜游的胜地（见图4-6）。

扫码看彩图

图4-6　修水县太阳村风貌图（拍摄于太阳村）

二、村落人文

宋时，诗书双绝黄庭坚的曾祖黄中理曾在太阳山创办樱桃书院[①]，在此就读的黄姓子弟中有10人高中进士。相传闯王李自成殉难九宫山后，部分随从逃至与九宫山相邻的太阳山并沿山建立蔚为壮观的太阳48舍，至今保存较为完好的仍有程家、肖家坪、木家坪、鸡林咀、下舍、姜家源、石坳、狮子坪（界石）8舍。闯王亲随遁入太阳山后隐姓埋名，砌砌造田，种茶采药，奠定了太阳村的基本格局。

太阳山物产丰富，土地肥沃，先民落户于此后，房屋依山滨水而建，形成了以沿山道路为主干，山间小道为枝杈，民居聚落如累累硕果般附在太阳山这棵参天大树上的村落形态。

三、村落建筑

太阳村古建筑保存完好。改革开放后，随着经济条件的改善，山民逐步向交通更为便利的山脚聚集，这使得传统建筑得以被完整保存。如今，太阳山上没有一栋钢筋混凝土建筑，建筑内部黏土夯地，块石铺路，古桥流水，竹木为篱，古香古色。居住其间的人们日出而作、日落而息，坚守着牛拉犁田的生产方式和竹筒引水、柴灶做饭、地窖储薯、围炉烤火、过年杀猪、手磨豆腐的生活方式。

太阳村沿山而设，滨水临路，房前开阔，屋后多大树荫蔽。现存的传统建筑均居于山脉之间的缝隙平缓处，形成最早的聚居村落，村落的周围是盆地或可以耕作的小梯田，村落被包裹其中。这些山脉之间难得的缝隙成为当年沿着山脊自上而下迁徙的居民聚居之地。在房屋布局上一般以数户或数十户为聚落，聚落内顺山就势，不占用太多土地，不遮挡光线。聚落内户户连通，檐檐相扣，鸡犬相闻，与人喜群居、互帮互助的生存本能相契合。

四、村落习俗

太阳村闹元宵。一般以“戏灯”为主要形式。从过年开始到农历正月十五，以戏龙灯、舞狮为多，从农历正月初一开始活动，叫发灯，农历正月十五结束活动，叫熄灯。龙灯和狮队来到前，会预先送上“恭贺新禧”红帖，来后要给演出队送红包和点心。各个屋场有自己的戏灯表演队，以姓氏冠名，他们表演各具特色的彩灯。龙灯、狮队、戏灯等除到各家各户表演外，还要到村中庙宇和祠堂向神灵及祖先拜年。戏灯不仅有常见的龙灯、狮灯，还有反映本土特色的日常生活、爱情婚姻、历史故事、地方掌故等的“故事灯”，又名“花灯”。这种花灯深受群众的喜爱，不仅好看而且种类非常多。如“蚌壳

---

① 黄中理的叔祖父黄贻在布甲乡创建樱桃书院，历时五年仍没有完工，抱憾离世。后黄中理续建樱桃书院，完工后投入使用。

灯”“船灯”“马灯”“顶烛灯”“鲤鱼灯”“三羊灯”“春牛灯”“金猴闹春灯”“麒麟送子灯”“荷花灯”“跑马灯”等。相传花灯所到之处，邪魔不敢来，不仅能保一年四季平安，还能带来幸福与财运，所以民间又将花灯称为“太平灯”。因此，花灯表演时，主人要焚香点烛放鞭炮迎接。太阳花灯有唱、有念、有舞蹈、有乐器，别致滑稽，煞是好看。

太阳村的花灯与龙灯、狮灯有很大区别，花灯主要是丝弦伴奏、小吹小打，比较文静，演绎动人的故事情节，有一定的趣味性和感染力，非常动情。而龙灯与狮灯则重于打击乐，大锣、大鼓、大小唢呐伴奏，注重武功表演，有一定的武术基础功，动作起伏较大，非常热闹。太阳村人爱吃元宵，俗云：“吃了元宵果，各人寻生活；吃了元宵粑，准备种庄稼。”元宵节后，古时出门上工，今时出门打工。元宵节当天，各家各户买来元宵，用甜米酒水煮，合家围桌食用，以示全家人团团圆圆、幸福美满。

另外，元宵节期间太阳村还保留上坟送灯、清鸡粪、熏尿桶的习俗，晚上灯火通明，连牛栏、猪圈、厨房等处都点清油灯或红蜡烛。旧志载：“上元剖竹竿为灯，送祖墓，沿山遍野，煌煌如星辉日烂，林麓洞然。”“房屋仓储，园圃圈厕，莫不张灯，谓之照蚁虫鼠耗，又取女贞叶烧炉中，作毕爆声，以殄虱蚤。”

第四节　武宁县合港村

合港村位于武宁县甫田乡太平山村境内，距离县城约40千米，因在2条溪流汇合之处而得名，又因在千年道场太平山佑圣宫的山脚下而更具历史和文化底蕴，是武宁县保留较好的古村落。2017年，合港自然村入选江西省首批省级传统村落名录。2019年，入选第五批中国传统村落名录。

一、古村由来

据乡志记载，清乾隆年间，潘姓一族由湖北阳新来到此地定居。村民们背山而居，靠水而栖，体现古人“择水而居”的选址理念，面山背水，海拔1000多米的太平山恰好起到天然挡风的屏障作用。合港村受太平山佑圣宫道教影响，借自然之山水、森林、溪岸、梯田，就地取土，以杉皮盖就土巴屋。居民多淳朴勤劳。后又有陈、明、李等姓陆续迁入，渐成村落。又因太平山山高路远，水路不通，人们上山求道只能步行，一天无法到达山顶，于是便在合港歇息。久而久之，合港便成为一个繁荣的商业埠岸。现原住山民基本外迁或移至山下港边居住。

二、古村建筑

村庄建筑多就地取材，以泥木结构为主，屋顶以杉皮覆盖。村内现保存有古民居

四合院2座，其中1座内部阁楼、门窗、廊柱均存有精美的木刻，1座为徽派建筑风格，内部装修以特色青石雕刻和砖雕为主，具有非常高的艺术价值(见图4-7、图4-8)。

图4-7 武宁县合港村风貌图(无人机拍摄于合港村)

扫码看彩图

图4-8 武宁县合港村古建筑图(无人机拍摄于合港村)

扫码看彩图

村落民居约有90%为传统建筑，多建于二十世纪七八十年代，硬山式板筑土坯房，面宽3间，冬暖夏凉，仅有2栋一进两重的清代民居至今保存完好。据村民介绍，以前合港的民居多为一进两重的建筑，合港村被群山环绕，山多地少，先民们只得依山就势，在有限的土地上建造房屋，一般规模比较小。这两处清代民居，具有鲜明的江南特色，特别是回廊上的人物雕刻，以古代戏曲为蓝本，具有非常高的艺术价值。天井四周设回廊，青石铺就的小路通向每个房间，干净雅致。现村港上的一座建于清同治丙寅

年间的石拱桥，便见证了当年合港的繁盛，亦如歌谣所唱：东坪合港好地方，五里八茶庄，转嘴三药铺，六里四学堂。

三、村落环境

合港村东、西、北面皆为高山，海拔超过千米的山峰有5座，村庄生态资源丰富。古村海拔约400米，面积约7.33平方千米，其中农田面积约18亩，林地面积约11000亩。合港村环境优越，自然资源丰富。过去，村民们多以种茶、采药为生。太平山的茶树芬芳馥郁，香气扑鼻，所产茶叶在明朝时便成为贡品。同时，这里也是中药材的天然宝库，当地流传着这样一句话：太平山百药俱全，独缺甘草与黄连。于是这里也成为湘鄂赣边境八县中药材的主产地和集散地。合港村周围峰峦叠嶂，气候温润，非常适合居住养生。目前，村内90岁以上的居民近20人，80岁以上的有40多人，在武宁县属于典型的长寿村。

四、古村习俗

合港民风淳朴，并深受太平山道教影响。每逢农历二月十九和八月初一，山下的村民必至山上进香，举行太平锣鼓祈福活动。

作为太平山道教课议活动的主打音乐——太平锣鼓，至今已传承百年，是武宁道教文化的重要组成部分。它具有浓厚的宫廷音乐风格，除继承宋、元、明、清道教音乐乐曲外，还融入了打鼓歌、采茶戏、汉剧等民间音乐元素，形成独具地方特色的民间音乐。

第五节　都昌县鹤舍村

都昌县苏山乡鹤舍村，源于“鹤栖茅舍”的典故，故名“鹤舍”，后又因这里一直是培养人才的摇篮，书香门第，又名“学舍”。2004年，鹤舍古建筑群被都昌县人民政府公布为县级文物保护单位。2012年，鹤舍古村被列为省级历史文化名村，2016年入选第四批中国传统村落名录。

一、村落布局

鹤舍古村由都昌县苏山乡管辖。始建于东汉末年，成村于明代初期，发展于清代中晚期，距今已有1800余年历史。该村位于鄱阳湖东岸，运用道家“道法自然”的思想选址建村，形成“南耕北读”的空间格局。鹤舍古村依山傍水，山清水秀，环境优美。南面青山环绕，小桥流水，涓涓不断；北面省级公路袁多公路穿村而过，车水马龙。村内古巷纵横交错，村前溢香池水清如镜。古村遗址坐落在四水归塘的风水宝地，东西南

北中的水全汇入溢香池，通过暗道排出至南面小溪，排水系统的设计科学合理，充分体现出古人的建筑智慧。村落对面是元辰山，现改名为苏山——为道教七十二福地中的第五十一福地，苏山之名源于西汉苏耽在元辰山得道成仙的传说。

二、村落建筑

鹤舍村大部分建筑群始建于清朝乾隆、嘉庆年间。古建筑群古风、古色、古香，气势恢宏，整体造型似曲尺形，又似手枪形，坐东北朝西南。原有房屋32幢，现保留23幢。自1982年村民形成"建新房不拆老屋"的决议后，村民自觉遵守，未拆除一幢老屋。2004年，鹤舍村古建筑群被列为县级重点文物保护单位。村内有徽派古民居群，建于清代初期至中期，由于处于古徽商行商之路，当地居民受徽商影响，从而采用徽派建筑形式。建筑群以天井式民居为主，总体格局：古屋成群，栋栋连通；青砖灰瓦，飞檐斗拱；木质构架，雕龙画凤；徽式造型，气势恢宏；巷道纵横，深若迷宫。村内还有祖堂、村前池塘（溢香池）、麻石古巷、古巷总门、学堂（浣香斋）遗址、大夫第门楼、欧式小洋楼等古建筑，见证了鹤舍村从明代向现代转变过程中居住模式的变化，具有丰富的文化内涵和深厚的建筑价值。此外，鹤舍村也是江西省省级非物质文化遗产《打岔伞》的承载地。

鹤舍古建筑群历经沧桑，抗日战争时期，建筑墙体留下了入侵日军的枪眼，且差点被日军烧毁，幸亏当时的乡里会长徐少松（苏山乡舍下村人，曾留学日本）出面沟通才使村落建筑逃过一劫。2014年，村前溢香池内清出日军未爆炸的炮弹。

鹤舍古村建筑整齐划一，屋屋墙体相连，户户道门相通，错落有致。保留下来的大部分建筑为清朝中晚期所建，由瓷商巨头袁绍起斥资，一次性修建18幢老屋并在同一时辰上梁。道路全部用麻石铺设，雨天乡亲们串门不踏泥、不湿布鞋。同时，修盖了一幢占地300多平方米的两层木质结构四合院，用作学堂，取名"浣香斋"。浣香斋在二十世纪七十年代办过高中，八十年代至九十年代为苏山一中，1994年拆除，现为苏山小学，办学至今为国家输送了不少优秀人才。袁绍起字鹤轩，村民们为了纪念他，修建了鹤轩亭和牌楼。

鹤舍村的古建筑群建筑属十字架，硬山顶，砖木结构。祖厅三进，两个天井，其他每幢建筑有一至两个天井不等，室内装饰主要突出在正堂天井周围的门窗、梁坊、柱托之上，装饰手法有线雕、浮雕、镂空雕。其内容有历史故事、神话传说、戏曲人物、花草虫鱼、民间吉祥寓意等，每间老屋的雕刻各不相同，文化内涵丰富，具有很高的文物和艺术价值。

三、耕读传家

鹤舍村全村为袁姓，是一个耕读并重、农商并立的历史古村。鹤舍袁氏以耕读传家，宣扬儒学，注重教化，素有"书香门第"之美誉。

鹤舍历史上既出文举，也出武将。举人袁成璧，字世珍，号和九，清同治甲戌年部选九江府彭泽县教谕，光绪辛丑年部选浙江金华汤溪知县，并加同知衔，赏戴花翎加三级记录。在中举时，主考官在他的文章上批字“文章颇可，字冠全场”，他的旧居“大夫第”尚保存完好。民国初期诗人袁成景，号铁梅，任江西省第三届省议员。其子袁训芷，字兰藕，号观亭，留学日本，毕业于早稻田大学，著有《铁血青年》一书，时任江西省教育厅咨议、独立七师干部训练团政治部教官，上校秘书。袁成琬，字世绥，号叔华，江西心远中学毕业，北平清华大学肄业，任江西义务女子学校校长。《铁血共和》《风雨下钟山》《牡丹亭》《聊斋》等一些优秀影片曾在鹤舍拍摄，吸引不少文人墨客、记者、编导和国内外游客前来采风。

鹤舍开基创业始祖崇美公诞于明正统六年(公元1441年)正月二十日。每年农历正月二十日，子孙后代都要给崇美公过生日，甚是热闹。嫁出去的女儿带着外孙(女)回娘家，宴请亲朋好友共庆同乐。从溢香池周围到停车场道路是铺天盖地的鞭炮声，烟花全部梅花桩式排开在停车场边。祖厅里腰鼓队、音乐队夹道欢迎，时辰一到，由鞭炮队鸣炮，音乐队奏乐，祝寿正式开始，晚上还要放电影、演戏等。村委会主任和村委成员还会在祖厅中厅同村民讨论新一年村办事务及换届选举。各支房为上年出生的男孩上红丁，户主备面条、香烟招待到场的村民。

近年来，在县、乡政府的大力支持下，结合新农村建设、秀美乡村建设，鹤舍村村民秉持“修旧如旧，建新仿旧”的理念，加大古村的保护维修和建设开发力度，建起了入村门楼、环村公路、公共厕所、停车场等。村上还辟有村史馆，留住了乡愁，传承了文明。2019年，云南滇中金控集团与都昌县人民政府签署协议，着力打造老爷庙、鹤舍古村精品旅游线路。

第六节　修水县内石陂村

下高丽村内石陂自然村是修水县黄沙镇一个边陲村落，坐落于山脚下，离县城18千米，距大广高速公路出口22千米。2016年入选第四批中国传统村落名录。

一、村落环境

修水县黄沙镇下高丽村内石陂自然村四面环山，生态资源丰富，自然景观秀美(见图4-9)。内石陂村四面环山，古木丛生，处于群山环抱之中，只有一条南向村路通往外界，村内小溪自山顶发端而下，汇聚成三条河流，以八卦之势环绕村庄，顺流而下流向黄沙秀水河。民房靠山而建，地形突出层次感，房屋建筑工艺基本一致，形成左右呼应

的格局。村内建于清乾隆年间的高家祠堂保存完好，体现清代较高的建筑工艺水平（见图4-10）。村内古井分布各处，巷道纵横交错。古村风光秀美，历史厚重，山清水秀，是宜种、宜养、宜居、宜游的胜地。

图4-9　修水县内石陂自然村部分风貌图（拍摄于内石陂自然村）

扫码看彩图

图4-10　修水县内石陂自然村古建筑图（拍摄于内石陂自然村）

扫码看彩图

内石陂自然村村域面积6平方千米，属江南丘陵地貌，四面环山，处于盆地中央，土壤以红壤和黄棕壤为主，有机质丰富，适合农作物生长；日照偏少，云雾较多，盆地地形造就其冬暖夏凉的气温特征，是个天然的避暑胜地。整个村有荒山、荒田千余亩，适宜种植。三条小溪水质清洌，气候温润，雨量充沛，负离子含量高，适宜居住。该地无污染，传统建筑保留完好，呈自然状态，适宜开发生态观光农业。

二、村落建筑

村落传统建筑保存完好，老屋成群，古居簇拥，浑然天成。青砖木结构的房屋以清

代建筑为主，还包括部分二十世纪九十年代前后的建筑。夯土和土砖木结构的房屋，以二十世纪八十年代前后建筑为主。整个自然村房屋呈现江南民居建筑风格，古色古香，犹如世外桃源（见图4-11）。

图4-11　修水县内石陂自然村风貌图（无人机拍摄）

扫码看彩图

该村已有400余年历史，高家祖先高顺生于明代中期，由福建龙岩逃难于此，将村庄藏匿于群山之中，造就其世外桃源美名。村落四周古樟成群，有古石桥6处（历史最悠久的古石桥可追溯至清光绪年间）、古井5口、石砌河道3处、石板路2处，均保存完好。主通道为石阶路。受地形条件、原材料等因素影响，内石陂自然村村内的田间小路、上山路，多数为泥土路，有少量的石板路，宽窄不一。田间的田埂路部分为卵石铺设，宽窄不均。

三、村落习俗

内石陂村民风民俗淳朴深厚，传统生产农具、生活家具在此得到完整保存。内石陂自然村仍保留着竹筒引水、石磨豆腐等传统生活方式，大多数村民睡的是传统雕花床，坐的是传统板凳，吃的是土灶做出来的柴火饭。宁河戏在此已有上百年历史，活跃在本地和毗邻地区，深受群众欢迎。

Note

第七节　彭泽县岚陵村

岚陵村位于彭泽县浩山乡南部，南邻安徽省池州市东至县泥溪镇，北濒长江。岚陵始称“白马洲”，后更名“岚陵”，沿用至今。村庄青山环抱，古木参天。2016年彭泽县浩山乡岚陵村入选第四批中国传统村落名单。

一、村落历史

岚陵村始建于南宋咸淳元年（公元1265年），至今已有700多年历史。岚陵村分上湾、下湾自然村，村民皆姓张。村前屋后和村民家中，犁、耙、车、水车、石磨、花床和鱼笼等农具随处可见。此外，彭泽板龙在岚陵得以发扬，被列入第三批省级非物质文化遗产，对研究彭泽民间习俗有着重要的参考价值。

二、村落建筑

岚陵村位于大浩山群山环抱之中的岚岭上，村内有1处县级文保单位——蜚英桥，古桥为青石条所砌，单孔，桥身遍布藤蔓。拨开藤条可见刻有“虹飞百尺”4个遒劲大字。桥身刻有古诗一首：“桥势兼山麓，当年结构奇。晴林开石磴，雨涧落虹霓。树古阴长合，山深翠欲低。频来此地望，令我俗情移。”蜚英桥始建于清康熙年间，历经数百年风雨侵袭，至今屹立不倒，坚挺如初。村内建筑颇为讲究，以江南民居为主，外观整体性和美感很强，青砖黑瓦，色彩典雅，室内木柱支架，木板墙体，木雕窗栏，其形状有磨角、拆角和扯角等，村内青石小径，交叉纵横，是明清古村落的典型实例（见图4-12、图4-13）。

村中建有清代古祠堂一幢，厅堂前方有天井，用以采光通风。祠堂高墙封闭，马头翘角，墙线错落有致。内部采用砖木工艺，有木雕的窗棂、楹柱等。祠堂前明堂开阔，两只旗鼓记录着张氏祖上曾经的显赫。村中现今保存完好的石旗鼓、旗夹有20多个。旗鼓周围的石壁上雕有鼓环，形状有虎头环、狮头环，石旗鼓上镌刻的中举文字清晰可辨。在清顺治、乾隆、雍正、嘉庆和同治年间，岚陵曾出现过“三代四进士，五代六举人”。尤其是被称为“帝师”的张锦枝，更是族人中的翘楚。张锦枝，清乾隆丁亥年（公元1767年）生，自幼聪颖好学，13岁应童子试，夺冠。25岁举于乡。嘉庆丙辰进士及第，殿试二甲五名（时年29岁）。朝考一等二名，选庶常。己未，散馆一等三名，授翰林院编修。后升司经局洗马（为道光帝师）、翰林院侍讲、侍读、国子监祭酒。是故，岚陵又被后人称作“帝师故里”。

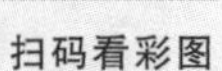

图4-12　彭泽县岚陵村鸟瞰图(无人机拍摄于岚陵村)

扫码看彩图

图4-13　彭泽县岚陵村古建筑图(拍摄于岚陵村)

古井位于村落中心,相传为岚陵始迁祖所建,深丈余,面积为五六平方米,四周用卵石堆砌,台阶以青石铺成,形若鲤鱼,故称“鲤鱼井”。据传此井能预报天气,每当要下雨时,井水便变得浑浊,下雨过后,井水又清澈见底。

岚陵村现存两块禁赌碑,分别立于清嘉庆十六年和三十年。石碑两边和上端均刻有装饰图案,非常精美,上方用阳文雕刻有“禁赌碑记”,碑文内容主要是斥责赌博的危害,规定禁赌的办法。

三、红色村落

1930年,红十军攻占了彭泽县城。1930年10月19日,红军在乐观黄土港一带召开群众大会,成立彭泽县革命委员会。1934年6月中旬,中共彭泽中心县委在彭泽浩山乔亭村公开成立。后因革命需要,迁至地理环境更为理想的兆吉沟。国民党向中央苏区发动第五次围剿,仅1934年岚陵就牺牲了张金生、张元璧2名党员及张花狗、张庆寿、张元兆等10余名革命战士。为了自由和解放,岚陵人用满腔的热血和宝贵的生命谱写了共和国赞歌。彭泽中心县委一度成为赣皖边区红军游击战争的指挥中心。

2016年,岚陵村被入选全国第四批传统村落名录。随后,县政府聘请江西省城乡规划设计研究总院编制了《彭泽县浩山乡岚陵村传统村落保护发展规划》。岚陵村成立了传统村落保护理事会,加大了对古村落的管理,并对上湾祠堂进行了修缮。秉承祖训、耕读传家的岚陵人,至今仍保留着升篝火、守岁完年、念年经、上谱、游板龙、赶野猫、正月十五龙上天等众多习俗。地方特色的豆粑、蒸米粑为大节、小节美食,更是招待宾客的美味佳肴。

第八节 湖口县庄前潘村

庄前潘村位于湖口县流泗镇,与大垅、张青、凰村3乡交界,距流泗镇4千米,潘姓繁居。2014年入选全国第三批传统村落名录。

一、村落由来

据《潘氏宗谱》记载,庄前潘村的"庄"原为三国时期东吴大都督陆逊屯田之处,庄旁沿山丘开垦成垄,禾田百顷,庄背山埂青松翠柏、林间野鹿呦鸣,又称翠鹿庄。至汉末,陆氏渐衰,田舍荒废。元至正十二年(公元1352年),兵乱,潘氏始祖胜六公携家从都昌塘里迁此,在翠鹿庄旧址前定居,故名庄前潘,尔后,子孙繁衍,人丁兴旺,遂以翠鹿庄为根基,历经明、清至今,庄前潘名籍不改。800年来,潘氏后裔秉承礼教耕读传家,铭记祖先创业之艰辛,制族规,立家训,事农不惰,仕官清廉,民风淳朴,文化底蕴深厚,村中古宅、古巷、古树、古桥保存完好。

二、村落建筑

庄前潘村(见图4-14)村内有古书屋1处(柘塘书屋);坛庙祠堂3处(古祠堂、祖堂、五祖殿)(见图4-15);宅邸民居9处("仰荫垣薇"古宅、潘唐宅、潘纺舜宅、潘学峰宅、潘

园兴宅、青阳腔剧社旧址、潘玉霞宅、潘金钱宅、潘金平宅);古戏台1座(“荥阳望郡”灯楼);古桥1座(荥阳桥);古墓1处(潘氏墓地)。柘塘书屋建于清乾隆年间。据史籍记载,该书屋为当时著名才子、白鹿洞书院国学主讲潘锦江所建。砖木结构,屋顶前后左右4个天井,属于典型的“四水归堂”建筑风格。对于研究鄱阳湖地区的民风、民俗和藏书史具有较大价值。

图4-14　湖口县庄前潘村鸟瞰图(无人机拍摄于庄前潘村)

扫码看彩图

图4-15　湖口县庄前潘村祠堂图(拍摄于庄前潘村)

扫码看彩图

Note

三、历史文化

据考，潘氏始祖潘胜六于元末携二子来湖口落户定居，长子名舜，字伯运。谱载伯运成年投军朱元璋，在鄱阳湖朱元璋与陈友谅决战的混战中阵亡。幼子名轼，字伯仪，通过科试，明永乐四年(公元1406年)入贡院研修。后放任四川丹陵县教谕，赴任前将朝廷赏赐的"贡树"香樟、紫薇栽种在村庄高埂处，谱载伯仪公"分贡树之香树"就是该典故。伯仪在丹陵任教谕时，捐俸禄倡修书院学舍，营造读书上进的风气，培养了诸多学子举人，县人称之为"文翁"。他曾几次要被调离，县民一再挽留，在任十八载初心不改。后任江苏丹徒知县，其不贪功名，上任后未及三个月因疾辞职，荣归故里，子孙分迁各地。庄前潘村祖堂门首有对联，"长留世泽丹徒县，丕振家声翠鹿庄"，后裔一直沿用至今。

现在聚居在庄前潘村的是胜六公幼子伯仪之后泾公之后裔。泾公幼子潘琳，字庄珑，在明朝嘉靖和隆庆年间，虽为乡贤出身，屡次不愿出仕，但至后裔潘锦江却声名显赫。潘锦江，字凤台，被誉"江南三个半才子"中那半个才子，读书过目成诵。府试秀才，名列第一。17岁乡试中举，名列第七。曾赴京游学，三次考进士，因战乱未能及第，但对学问精益求精，纵览群书，收藏古籍，利用家境宽裕之条件，构筑"柘塘书屋"，藏书万卷。书屋门首自题联，"世家韵事超花县，旧日佳游接柘塘"，可见文人豁达之胸怀。潘锦江曾为学使，出任白鹿洞书院主讲。所授课目，深得学子尊崇。清乾隆三十八年(公元1773年)，始修彭湖驿道，潘锦江牵头在庄前港溪滩上修筑"荥阳街"，桥以块石垒砌，券孔。桥面可通花车，桥底可驶船，路桥通堑，便利出行。潘锦江临终嘱"柘塘书屋"捐于村中公用，永久保存。

自明至清，谱载庄前潘村有九品至三品(授职与补阶)官员48名，监生、贡生、秀才60余名，庄内保留有"大夫第"官宅2栋、旗鼓石4对、旗夹石7座、系马桩14处，朝廷封诰、钦赐匾旌、典籍文字尚有保留，《湖口县志》《九江府志》多有记载。

近代百余年间，虽历经战乱，村中古迹尚能保存，祖堂、书屋、灯楼和石桥，几经修缮，整体完好。徽式家宅尚有3处可觅。600余年的贡树香樟与紫薇，翠绿如黛，红紫布朱，茂密如葱。700年来历代祖坟一代都不缺失，均有碑碣。传统习俗，如清明祭祖、除夕完年、初一参年团拜、上红丁、元宵节前参龙、七月做庙会等，通庄行动，按礼祭祀。

庄内现存的古戏台——灯楼，为历届青阳腔戏演出之场所。村中著名青阳腔表演艺术家潘康全在中华人民共和国成立后，被江西省赣剧团招为骨干，随团赴京演出，在《三请贤》剧中扮演关羽，在《捉放曹》剧中扮演曹操，表演出神入化，技艺独到，受到毛泽东、周恩来等党和国家领导人接见，潘康全传略亦被载入《中国戏曲志》。2006年，湖口青阳腔入选首批国家非物质文化遗产名录。

本章小结

本章通过对九江国家级传统村落的介绍，领略九江古村落的独特魅力和深厚文化底蕴，系统介绍村落中保存完好的古建、民俗、特产等资源，如古祠堂、古树名木、古井、古桥、石磨豆腐制作、长龙拜年等，这些资源共同构成了村落的历史文化脉络。

学习本章，了解传统村落的历史价值和文化意义，认识保护传承传统村落文化的重要性。同时，思考如何在现代社会中，更好地保护和利用这些宝贵遗产，为后人留下更多历史记忆和文化瑰宝。

复习思考题

一、复习题

1. 九江地区哪些村落被列入国家级传统村落名录？请列举至少三个。

2. 描述岚陵村有哪些典型的历史文化资源。

3. 朱砂村中有哪些清代古建筑，并简要介绍其中一座的特点。

二、思考题

1. 根据资源特点，传统村落可以划分成哪些类型？九江的传统村落分别属于哪些类型？

2. 结合材料文本，论述九江地区传统村落的保护和开发利用面临的主要挑战和可能的解决方案。

3. 讨论数字化手段在九江传统村落保护、宣传推广和文创开发中的具体作用及其可能带来的影响。

4. 分析九江地区传统村落如何通过研学、旅游、康养、非遗、现代产业等多元化发展方向，实现文化资源的有效转化和可持续发展。

5. 结合实际案例，论述在传统村落保护与发展中如何平衡文化传承与现代化需求的关系。

第五章 文化旅游村

临清风，对朗月，登山泛水，肆意酣歌。

——《南史·梁宗室萧恭传》

学习目标

（一）知识目标

1. 掌握九江地区典型文化旅游村自然资源、历史文化和产业发展情况。

2. 理解如何通过保护和利用自身优势资源，实现文化与旅游的融合发展。

3. 熟悉九江地区乡村旅游的空间布局、发展策略及未来发展趋势。

（二）能力目标

1. 能够运用所学知识分析九江地区典型文化旅游村的成功案例，提取其发展的关键要素。

2. 掌握乡村旅游规划的基本方法，能够针对某乡村提出合理的旅游发展建议。

3. 具备一定的乡村旅游策划能力，能够结合当地资源设计旅游产品。

（三）德育目标

1. 培养学生的家国情怀，增强对家乡文化的认同感和自豪感。

2. 提升学生的文化自信，认识到保护和传承乡村文化的重要性。

3. 培养学生的文化保护传承意识，鼓励学生积极参与乡村文化的保护和传承，为乡村振兴贡献自己的力量。

第一节　武宁县长水村

长水村位居九岭山脉中段武陵岩向北延伸的一支分脉之中，被群山环抱，峰峦秀耸，古木参天。长水村地域面积84平方千米，其中耕地面积1380亩，山林面积12.4万亩，森林覆盖率达93.7%。先后被评为“全国绿色小康村”“全国生态示范村”“全国生态文化村”“江西省文明村镇”和“江西林改第一村”。

一、旅游资源

长水村旅游资源异常丰富，极具开发潜力。境内奇峰林立，怪石纵横，林涛云海，飞瀑流泉，风光无限，美不胜收。辖区内有仙女池、石林、将军岩等多处景区，有1000多亩的原始森林、上万亩的风景林、清新雅致的远古村落，还有三国时期吴王孙权后裔居住地孙家屋场(见图5-1)。最南端与靖安交界的武陵岩主峰，海拔1547.2米，站在高处可以体验“一览众山小”的雄伟气势，吸引了众多游客前往攀登。长水村抓住生态优势，策应县、镇两级发展农家乐旅游的号召，按照“政府引导、群众主体”的原则，量力而行，启动了以“游长水景、吃农家饭、享农家乐”等体验活动为主题的“农家乐”旅游。

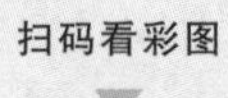
扫码看彩图

图5-1 长水村孙家大屋(无人机拍摄长水村)

长水红豆杉培育基地(见图5-2)拥有红豆杉2年苗20万株、3年苗15万株、红豆杉盆景3000余盆，培育红豆杉种子200多斤、7年苗红豆杉树5000棵，基地面积60多亩，年产值50万元左右。基地发展目标是要逐步形成红豆杉的种植园、提炼园、康复园、旅游观光园四大园区，总面积达到万亩以上。

图 5-2　武宁县长水村千年红豆杉群（无人机拍摄于长水村）

扫码看彩图

二、旅游发展

把长水景区（见图 5-3）打造成中国养生谷，长水长寿长相思。把长水景区打造成为中国峡谷养生第一品牌、中国养生福地、中国养生旅游示范地、国内一流的山水养生度假综合体。根据长水景区旅游资源特征及旅游精品项目，可概括为“三核七区”的空间布局。三个核心区：一是红豆杉养生区，庄屋里、月坑口、杨港洲；二是农耕文化休闲区，孙家埠、武陵墩；三是山村别墅养生区，七里溪。七个功能区则包括峡谷平湖乐水区、十里花海休闲区、红豆杉养生区等。

图 5-3　武宁县长水景区（拍摄于游客服务中心附近）

扫码看彩图

第二节　武宁县东山村

一、美丽东山

东山村位于武宁县官莲乡东部，坐落在庐山西海中段北岸，毗邻风景宜人的柘林湖，环境优美，旅游资源丰富，是庐山西海风景区重要的组成部分。东山村东连永修县三溪桥乡，北临泉溪村，西北与莲花村接壤，西与巾口乡隔庐山西海港湾相对，南与杨洲乡隔庐山西海相望。全村共有井垅、塘梅、东磅、石塔、新建、戴坪、南源、杨家坂、南山等9个村民小组。

东山村背靠蜿蜒青山，南临万顷碧水，坐拥得天独厚的自然风光。从空中俯视，东山村正好位于幕阜山与西海之间，9个村民小组按东西方向沿湖而建。庐山西海在武宁县境内水域图形就像一条巨大的青龙，官莲乡东山村则刚好位于“龙头”位置。站在东山高点西眺，视线开阔，幕阜山的层峦叠嶂，西海的浩渺烟波，高速南山大桥、巾口大桥的弧弯线条，尽在眼前，美奂绝伦(见图5-4)。

图5-4　武宁县东山村鸟瞰全貌(无人机拍摄)

扫码看彩图

烟波浩渺的庐山西海是一个人工湖，岛屿星罗棋布，故被当地称为庐山西边的海。西海内属东山村所辖的大小岛屿有66个，这些如茵的绿岛，像朵朵莲花摇曳在碧波万顷之中，似颗颗珍珠闪耀着灵动的光辉。

全长10.4千米的鸦东公路在这里尽情地舒展，它是东山村通往外界的交通要道。2012年通车的永武高速横贯东山村全境，让东山人出门就能上高速，到南昌、九江只要一个半小时，到武宁县城也只需半个小时。驱车行驶在凌湖之上的高速公路，桥、路、山、水岛，交相辉映，如同穿梭在写意的山水画之间，真的是车行碧波上，人在画中游。

大自然赋予了东山村灵山秀水，丰富的资源，这或许是东山村吸引全国不同省市移民的原因之一。东山村是远近闻名的移民村，全村9个自然村，408户，涵盖107个不同姓氏。村民除了江西籍，分别来自河南、浙江、安徽、江苏、湖北等16个省份。这些移民不仅落户东山村，还将他们原有的乡音、民俗传统、建筑风格带入东山村。他们一般一个省籍的居住在一个自然村，村民们都至少能说普通话、武宁话、原籍话三种语言。因为河南籍的移民居多，受其影响，其他省籍的村民一般都会讲河南话，河南话也就成了这个村的通用语言。东山（见图5-5），移民谐居，民风淳朴，形成了独特的移民文化。

图5-5 武宁县东山村村委会（拍摄于东山村）

扫码看彩图

秀美的风光、优雅的生态、淳朴的风情，孕育出东山这座美丽乡村：庐山西海高速服务区，田园与现代在这里交汇；南山的养生民宿，优雅与休闲同在；观湖岛下的如莲百岛，总能让人心荡神驰；百里山水的交错，领略水光潋滟之美；原生态的绿色种养基地，尽享舌尖上的中国；多彩的移民文化村，体验中华民俗的博大。东山村犹如一颗璀璨的明珠在庐山西海熠熠生辉。

二、滨湖东山

三面环水，一面环山，永武高速从东山村贯穿而过，这是东山村独特的区域优势。村组干部以“春风行动、乡村振兴”宣讲为契机，提出将东山村打造成为庐山西海“滨湖第一村”的三年发展蓝图：依托独有的山水生态资源优势，以庐山西海服务区为平台，

着力实现东山村从“十三五”省级贫困村向乡村旅游景区的华丽转身，力推打造庐山西海滨湖第一村田园综合体建设(见图5-6)。

扫码看彩图

图5-6 武宁县东山村“滨湖第一村”标识(拍摄于东山村)

东山村党组聘请了九江学院专家帮助制订《官莲乡东山村旅游发展控制规划(2017—2030)》，以庐山西海“滨湖第一村”的理念和相关设计原则为指导，将规划区分为“一心”“两带”“四区”，即“一心”——庐山西海服务中心(见图5-7)，“两带”——湖岛观光娱乐带、湖滨花海体验带，“四区”——湖滨商务休闲区、棺材山森林康养区、生态田园休闲区以及滨海娱乐体验区，使整个村落形成一个完整的生态农村建设体系。

扫码看彩图

图5-7 庐山西海服务中心(拍摄于东山村村口处)

Note

为打造滨湖村，东山村邀请18名东山籍在外创业成功人士返乡成立了乡村旅游发展有限公司，募集资金5000万元推进“滨湖村”建设。滨湖第一村主要蕴含如下元素：第一，水上东山——村里打造了4—5个垂钓基地，2—3家渔家乐，完成全村全部土地90.3%的土地流转和产业布局；第二，空中东山——在东山村建庐山西海第一观景楼和永武高速观景台，并在周围建立集观光、休闲、娱乐于一体的空中公园；第三，休闲东山——投资新建首个观光式现代农业体验馆；第四，运动东山——依托山水地形地貌，建立青年运动基地、素质拓展基地、水上俱乐部及房车营地等。

三、科学发展

（一）自然村整治规划，奋力提升宜居水平

通过深入村民小组和农户调查、征求党员和群众意见与建议，村两委提出对东山村5个自然村进行村庄整治五年规划，以提升全村的文明程度。2016—2020年，实现了9个自然村新农村建设全覆盖。整治内容主要包括对村内道路进行硬化，对村庄内污水环境进行改造，对自然村户进行改栏、改厕，修建健身娱乐场所和村庄绿化，对饮水工程进行改造(见图5-8)。

图5-8 武宁县东山村道路(拍摄于东山村)

扫码看彩图

（二）产业扶贫计划，全面奏响脱贫主旋律

为贯彻落实全县扶贫工作会议精神，进一步壮大村集体经济，发展特色产业，结合东山村实际，东山村党委推出四大产业扶贫计划，助推脱贫，防止返贫。

1. 振兴乡村观光旅游休闲产业

以庐山西海服务区为平台，大力发展“农家乐”、乡村旅游及乡村度假三大休闲产业。实施休闲农业和乡村旅游精品工程，建设设施完备、功能多样的1—2个休闲观光园区，1—2个康养基地，1—2个集中乡村民宿，3—5家星级农家乐，3—5个垂钓基地，1—2个乡村共享经济、创意农业、特色文化产业园(见图5-9)。

扫码看彩图

图5-9　东山村湖滨景色(拍摄于东山村)

2. 发展“互联网+”农村电商产业

突出品牌化战略，让农村电商品牌更有竞争力。通过自主创新，打造东山品牌，积极引导个体走特色化、差异化道路，主动率先求变和提档升级。打造“人无我有，人有我优”的品种和质量、“人优我专，人优我精”的产品和服务的细分与专注，以及“人优我新，人优我转”主动差异化和做法。培育1—3个东山网络电商品牌。

3. 推进农产品加工业

大力开发农业多种功能，延长产业链，提升价值链，完善利益链，通过保底分红、股份合作、利润返还等多种形式，让农民合理分享全产业链增值收益。紧紧围绕促进东山果木业、渔业等产业发展特点，积极发展果木业、渔业及林下经济。围绕适合精深加工、休闲采摘的特色农产品，发展优势特色产业，形成产加销结合的产业结构。推进特色农产品优势区创建，建设现代农业产业园、农业科技园，打造“一村一品”发展新格局(见图5-10)。

4. 优化农业生产性服务业

大力发展农业合作社，每自然村组成立1个合作社，通过合作社流转各小组土地，通过承接服务外包方式，提供机耕机收、农产品销售等服务，从而实现农业生产性服务供给的规模经济和范围经济，有效促进农业的节本增效和可持续发展。

Note

图5-10 武宁县东山村蔬菜基地(拍摄于东山村)

依托当地自然资源环境、农事景观和独特的农耕文化以及旅游资源等,扶持发展特色经济、休闲农业、生态农业。全力支持江西西海滨湖乡村旅游发展有限公司,全力推进东山旅游事业发展。

(三)“美丽乡村”行动计划,适时推出最美小镇

在《官莲乡扶持村级集体经济——助推美丽乡村建设试点工作实施方案》的指引下,结合《东山村乡村振兴计划实施方案》,东山村党委以“特色鲜明、村容整洁、环境优美、基础完善、生活殷实、乡风文明”为内涵,提出了“美丽乡村”实施方案。

1. 开发田园综合体

主要包括建设新建队秀美乡村,8栋老宅完成百家姓民宿集群改造和升级;沿新建队库湾绕湖站步道1600米,拓展村民活动空间;打造炮台山樱花谷、桃花谷2个小峡谷,丰富休闲娱乐场所;打造新建队库湾水上娱乐项目、双凤岛景区,助推景区建设;在南山建立中华观湖塔,完善景区设施。

2. 发展沿高速公路产业带

从永修县进入武宁县,东山村是第一站。从目前高速沿线来看,高速公路旁有荒地、荒田、荒山近1000多亩。如何利用这一宝贵的土地资源,将其打造成为高速公路旁一道亮丽的风景线是实现东山村跨越式发展,做强品牌宣传的必由之路。要让每一个穿行永武高速的行人,都能够感受东山村的秀美乡村建设,从而做大做强东山。为此,东山村打造了入村标志性建筑——庐山西海“滨湖第一村”路牌标识,用石头为主材,田园式风格,选址在入村门闸左侧。

3. 拓展沿湖景观线

沿湖打造产业集群,主要发展了1组的果木业530余亩;2组的有机蔬菜现代化薄膜温控大棚达2.2万平方米。加快基地基础设施建设,延伸主水泥路到党员教育基地

和扶贫产业基地、杨梅基地。

4. 打造景观节点

风景这边独好。打造入村、出村及1、2、3、4、5组7个景观节点，每个节点以石头为主，结合田园乡村风格，配有相关景观设计。

（四）乡村振兴战略，携手共奔富裕路

为全面贯彻党的十九大精神，走中国特色社会主义乡村振兴道路，让农业成为有奔头的产业，让农民成为有吸引力的职业，让农村成为安居乐业的美丽家园，东山村党委顺应民心，适时提出了东山村振兴战略。

五位一体实施路径。第一，产业兴旺是基础。产业兴旺是乡村振兴的重心和基础，必须坚持质量兴农、绿色兴农。大力发展乡村旅游休闲产业、“互联网＋”农村电商产业及农产品加工业等产业链，通过产业实现持续增收。第二，生态宜居是关键。良好的生态环境是农村的最大优势和宝贵财富，必须尊重自然、顺应自然、保护自然，推动乡村自然资本加快增值，实现百姓富、生态美的统一。加强东山资源环境保护，在大力改善水电路气房讯等基础设施的基础上，在不改变原有农村乡风民俗的基础上，统筹山水林田湖草保护建设，保护好绿水青山和清新洁净的田园风光。第三，乡风文明是保障。必须坚持物质文明和精神文明一起抓，提升农民精神风貌，培育文明乡风、良好家风、淳朴民风，不断提高乡村社会文明程度。促进农村文化教育、医疗卫生等事业发展，每年举办1—2场群众性文化演出、1—2次乡村义诊。广泛开展星级文明户、文明家庭等群众性精神文明创建活动。遏制大操大办、厚葬薄养、人情攀比等陈规陋习。第四，治理有效是保障。必须把夯实基层基础作为固本之策，坚持自治、法治、德治相结合，确保乡村社会充满活力、和谐有序。发挥自治章程、村规民约的积极作用。广泛开展“好媳妇”“好儿女”“好公婆”等评选表彰活动。深入开展关于扫黑除恶专项斗争，严厉打击农村黑恶势力、宗族恶势力、黄赌毒盗拐骗等违法犯罪的宣传工作。第五，生活富裕是根本。要坚持人人尽责、人人享有，按照抓重点、补短板、强弱项的要求，围绕农民群众最关心、最直接、最现实的利益问题，一件事情接着一件事情办，一年接着一年干，把乡村建设成为幸福美丽新家园。让农民有持续稳定的收入来源，经济宽裕，生活便利，最终实现共同富裕。

第三节　武宁县双新村

双新村位于鲁溪镇东北边缘，与瑞昌市南义、肇陈、乐园三乡镇毗邻，属幕阜山中段。全村平均海拔达470米，从山下仰望，仿佛处在云端。双新村民风淳朴，生态良好，日照充盈。虽然比较偏僻，但在当地党委政府的引导扶持下，该村立足自身特色，发展

高山种植，实现脱贫致富，成了云端上一道独特的风景。双新由新开和新塘两个村合并而成，故名双新（见图5-11）。

扫码看彩图

图5-11　武宁县双新村村委会（拍摄于双新村）

一、高山辣椒

双新村地处武宁东北双新山上，这里的高山辣椒因海拔高、昼夜温差大、生长期长，而肉质饱满、口感甜辣、开胃生津，深受市场欢迎。近年来，该村依托高山辣椒种植专业合作社，整合高山辣椒种植资源，新建辣椒产业园。仅北屏、双新两个山区村，就种植辣椒2600余亩，种植油茶4500余亩，种植白茶6200余亩。武宁县举办高山辣椒文化旅游节（见图5-12），就是为了向县内外推介双新、北屏的高山辣椒、高山茶叶、高山茶油、高山薯粉、高山油面、高山干竹笋、干腊土猪肉、山背谷烧酒等农副产品，让纯天然无公害的绿色食品走出鲁溪，走出武宁，走出江西。

扫码看彩图

图5-12　武宁县双新村高山辣椒文化旅游节（拍摄于双新村）

二、高山白茶

双新村虽然地处偏远,交通不便,但也有一个优势,那就是山地多,而且气候、土壤都适合茶叶生长,可以发展茶叶产业。双新村种植白茶5000亩,鲁溪镇则建设了白茶加工厂,进行茶叶加工。茶叶销往浙江、上海、福建、广东等沿海地区。

三、高山中药材

双新村最著名的要数药材种植。由于日照充盈、昼夜温差大,这里种植的药材药性特别好,深受商家喜爱。全村大力开展药材种植,种有川芎200余亩、吴茱萸500余亩、白术1000余亩、黄栀子3000余亩,这些药材可为村民带来收入近千万元。鲁溪镇政府引进的本味园药材种植项目落户该村,种植药材面积达5500亩,对提升双新的药材种植与销售起到了很好的引领作用,使双新的药材种植上到了一个新的层次。

四、农旅融合

双新村已建成集田园观光、农业科普、文化休闲、研学旅行、农耕体验于一体的高山产业第一村旅游休闲度假区。双新村以新时期旅游市场需求和旅游产业转型发展规律为指导,以村内旅游资源空间布局与区域地形地貌特征为基础,将双新村旅游发展空间结构布局为高山茶乐园民宿度假区、高山研学教育体验区、高山辣椒乐园体验区、游客接待综合服务集散区。由于双新村海拔较高,云雾缭绕,犹如居住在云中仙境一般,因而旅游形象定位为“高山云居,武宁之星”。双新村如今已成功脱贫,产业发展有活力,蓬勃发展的劲头犹如一颗明星,可以为武宁县的发展添砖加瓦。

第四节　庐山市桃花源村

桃花源村地处庐山西麓,所处康王谷,是庐山第一长峡谷,全长约7.5千米,谷底紧邻庐山主峰汉阳峰,如今桃花源村也被称为庐山垄村。

一、资源特色

(一)典型的山谷田园风光

康王谷是庐山山体中最大的山谷,谷长幽深,夹峰叠嶂,海拔高程由谷地最底处115米至两侧峦巅达1162米,其谷口狭窄,而逐渐进入谷部则呈现平阔,谷地间村庄点点、梯田层层、道路阡陌、水网交织、四时花开如锦、果茶桑麻成荫、处处是诗情画意般

Note

的田园景色，展现出山谷型田园的独特风貌和韵味。

康王谷谷中西侧峰岭绵亘，青山叠翠，瀑溪泻流，田园如画，气候尤适，引人入胜，是一处田园览胜的极佳之地。在入口处，有桃花溪，溪流自谷中蜿蜒向前，山重水复。空气清新甜润，负氧离子浓郁，气候舒适宜人。从垅口观口钱村，一条沿溪沥青公路蜿蜒而上9千米，直到垅尾督里钱村。有山林面积2万多亩，耕地328亩。

（二）绮丽的名泉秀溪

庐山著名的谷帘泉瀑布便位于桃花源村内，悬空数十米，蔚为壮观。朱熹手书“谷帘泉”三个大字刻于进谷路旁的崖壁上，十分壮观醒目。谷帘泉瀑布自山顶绝壁飞流而下，时而如玉带飘落山涧，时而如寿星白发长须。据唐代张又新的《煎茶水记》记载，陆羽将天下宜茶之水列出二十等，其中“庐山康王谷水帘水第一”，这里的庐山康王谷水帘水指的就是谷帘泉，陆羽为此水写下气势磅礴的联句“泻从千仞石，寄逐九江船”。

时至今日，谷帘泉水由于受到较好保护，依然保持着原生态，清澈见底，富含矿物质，细品谷帘泉水，清亮甘甜，是泡茶佳配。“天下第一泉”是水中佳品，是泡茶、煮饭、煲汤的上等好水。

二、历史文化

桃花源村历史悠久。地方志《南康府志》《星子县志》皆载：“康王者，楚怀王之子熊绎也。秦灭六国，王避乱谷中。”山谷深处有村庄称半山康家，此村康姓据传即为熊绎之后，故桃花源村又名康王谷。桃花源村历来被认为是陶渊明名篇《桃花源记》创作原型所在地。东晋大诗人、中国田园诗歌鼻祖陶渊明于公元405年挂印归去，隐居故里。昔日陶渊明自故里栗里村至东林寺访慧远高僧，康王谷乃必经之地，屡次往返，此情此景，感受日深，加之坎坷经历，于是触景生情，有感日深，由康王谷而幻想出桃花源奇境，进而感发桃花源可耕田那种悠闲自在的境地，以此地为原型，创作出千古名篇《桃花源记》。

村内茶香四溢，好山好水出好茶，本就驰名的庐山云雾茶在桃花源被赋予了属于自己的定义。桃花源村特有的水土和气候使得这里出产的庐山云雾茶具有独特的香醇口感，每年茶季，这里的云雾茶销往全国各地，广受好评。

桃花源村是一处清雅之地。村内有楚人村、康王谷、恩桃庵、陆羽亭等遗址；有谷帘泉、汉阳峰、乌龙潭、吕洞宾洞等胜景；有陶渊明、欧阳修、苏轼、黄庭坚等历代名家咏康王谷和谷帘泉的大量诗文和所留下的摩崖石刻。“楚时明月晋时风，掩玉藏珠孰问津。春染仙源今面世，古香新色醉游人。”这词句正是最好的说明。

桃花源村也是一处爱国主义教育基地。这里山高地远，有着优良的革命传统和群众基础，是大革命时期闹革命、打游击的好地方。“大革命”时期，红军赤卫队在这里策划了两次“星子暴动”;抗战时期,抗日游击队在这里上演了“营救美国飞行员”的惊险传奇。

桃花源村民风淳朴,村民热情、好客、勤劳、质朴、善良、积极向上。村民最突出的兴趣喜好莫过于演唱西河戏,每当逢年过节或哪家有喜庆之事,都会搭台组织西河戏演唱。西河戏,因其产生地位于赣江下游的西河流域而得名,以二黄、西皮为主要声腔,杂以青阳高腔和当地民间小调的弹腔剧种,又称“弹腔戏”,俗名“星子大戏”,是江西省仅存的几大古老剧种之一。它形成于清咸丰年间,流行于星子、德安、都昌、永修等县。

据史料记载,清道光年间,当地著名艺人汤大乐先后在南昌的乱弹戏班和汉口的汉班唱戏,演技超群,声誉颇高。后回到家乡德安唱戏、教戏,并在星子县成立了第一个弹腔戏班。西河戏声腔为板腔体,旋律高亢奔放,浑厚质朴,西皮、二黄为基本声腔,兼以高腔、渔鼓、山歌、民间小调等。西河戏用嗓分为三种,即生、丑用“本音”;旦、小生用“侧音”;净用“边音”。唱词除杂用乡音外,还大量加有衬词。西河戏传统剧目多为历史袍带戏,男性角色为其主要人物。传统表演程式繁多,有“报台”“登二场”“站道”“跨门道”“点降道”“报本”等形式。其表演身段有四大段,即“八大桩门”“十大手法”“六大腰式”“十三大步法”。另有成套身段,如“开皿门”“跌画式”“打博手”“打扭结”“比六合枪”“比六合刀”等,人物造型的脸谱图式和色彩更显古法粗犷,是西河戏的又一特色。西河戏于2008年6月入选省级非物质文化遗产保护名录,2011年5月23日入选第三批国家级非物质文化遗产名录。

三、旅游发展

桃花源景区不仅自然风光秀丽,且历史底蕴深厚,人文景观众多,是旅游休闲、度假避暑胜地。“楚时明月晋时风,掩玉藏珠孰问津。春染仙源今面世,古香新色醉游人。”

桃花源村遵循“低强度开发、保护环境优先”的原则,以陶渊明《桃花源记》为主线,以再现桃花源为主题,挖掘中国人的桃源情结、理想的世外桃源生活等元素,打造一个安宁和乐、理想生活的国际知名的休闲旅游康养目的地。结合桃花源村独有的自然和人文资源,规划桃源花溪、桃源人家、桃源躬耕、桃源秘境四个分区,打造了桃源民俗村、采茶小品、天下第一泉、恩桃庵、陶令居、康王城等文化打卡点,由动逐步到静,由今逐步到古,将业态贯穿始终,再现“春赏桃花、秋赏东篱菊、桃花源里可耕田”的世外桃源美景,体验出世生活,实现另一重境界的入世,串起一段“思悠、寻悠、享悠”的“旅居”两相宜的世外悠逸康养之旅。将桃花源景区建成集观光、休闲、养生、度假为一体的全国著名的综合性“桃花源”主题景区,将其打造成时空穿越谷、慢游养生谷、田园万花谷(见图5-13)。

图5-13　庐山市桃花源景区石阶(拍摄于桃花源景区)

扫码看彩图

第五节　都昌县棠荫岛村

棠荫岛村位于都昌县周溪镇境内,面积虽仅约1平方千米,却是鄱阳湖上的一座活力岛屿,似一处蓬莱仙阁的世外桃源和鄱湖明珠,小巧玲珑,光彩夺目。棠荫岛是一座渔村岛,岛上居民以捕鱼为生。棠荫岛实际是群岛,中间的四岛以堤坝相连内环成主岛,五岛外环,苍木荫荫,水天江浩浩,一湖包绕(见图5-14)。

图5-14　都昌县棠荫岛村全貌(拍摄于棠荫岛)

扫码看彩图

一、历史文化

棠荫岛与古枭阳县城遗址城头山隔湖相望，地处鄱阳湖水运交通要道，自古是航运重地。据史料记载，明清时期曾在此设有巡检司。1970年国家大兴水利建设，棠荫岛人围湖造田，将座山、太山、腾飞、夏园山、培子山用堤坝连成今天的棠荫岛。从现有的家谱资料看，棠荫岛王家祖先于明洪武二年（公元1369年）从荣家边迁来，同年仅隔数月，紧接着段姓人从化民乡迁至，这两姓繁衍成棠荫岛上的大姓，尤其是段姓，慢慢超越了王家。后来又有些零散小姓人上岛。棠荫岛人都是祖传的渔民，打鱼是一把好手，种田却不在行。于是不久政府从各地抽调农民，上岛作农耕技术指导。不料那些上岛的农民，有的竟然乐不思蜀，干脆安家留在了棠荫岛，于是使本已天南地北、五花八门的姓氏更加复杂化，有了不下十来个姓氏。

走进棠荫岛，来到老屋场后面的东南角，穿过一条百米长的石蹊，只见低平的山坡上，在翠绿林枝的掩映间，有一座翘角飞檐的庙宇，庙前的庭院置有香鼎，庙里的正堂、偏房都供有不少金碧辉煌的神龛，大厅的一侧还整齐地摆着许多刀枪剑戟，另有一些似小轿、更似椅子的神器，这座庙宇就是棠荫人敬为神圣的三神庙。大厅上首供奉着三尊神像，分别是二郎神杨戬、三闾大夫屈原、北宋有名的八贤王赵普。

七百多年来，棠荫人唱着渔歌摇着橹棒，在信仰中再创传奇，在沧桑中焕发美丽，已经聚悠久的湖区渔家文化、宗教文化、历史文化于一身。与时俱进，形成独特的风情。岛上便利的生活不亚于陆地，环境优美，景色宜人，特殊的湖天一隅，还吸引来了国家水文站在此落户，为棠荫岛在新时代中腾飞，增添了不少曼妙姿态。

二、发展态势

棠荫岛作为地道的渔村风光地，水域位于三市四县交界处，赣、抚、信、饶、修五大河流，除修河和赣江西支，其余水系都在此汇聚。其得天独厚的湖水资源，加之三周疏港公路的贯通，给外来游人直抵渡口提供了便利，为发展乡村旅游创造了良好的条件。眼下的棠荫岛，尚仍像未脱稚气、情窦初开的少女，虽有天生丽质，却无成熟风韵，“养在深闺人未识”，依然处于未被开发的青涩状态。特别是面对鄱阳湖10年禁渔，如何进行产业转型，更是重要的难题。未来棠荫岛村应紧紧抓住国家环鄱阳湖生态建设的大好契机，从发展旅游出发，将辽阔的渔场打造成水上乐园高地。

（一）规划定位

棠荫岛村结合实际，按照水生态文明建设要求，将棠荫国际水生态体验岛规划目标定位为“人水和谐，鹤豚齐舞”，即遵循人水和谐的理念下，以水是生命之源、生产之要、生态之基为出发点，结合规划区域的人文历史、候鸟江豚等特有资源，以大湖、岛屿、渔家、低碳、科技、水生生物和水景观为水生态特色载体，通过高起点规划，分阶段实施，将棠荫岛规划建设成为国际水生态体验岛，推动鄱阳湖生态旅游开发，促进江西水文化旅游业的发展。

（二）功能布局

棠荫岛生态体验板块以江豚为原型，按照“一轴、四心、两翼”的空间组成进行布局，达到湖岛生态体验的目的。

1. 一轴

即水生态体验轴，主要从水资源持续利用角度出发，规划融合水敏感设计、绿色生态建筑、生态卫生系统的理念，将不同功能区的水，采用分散生态处理和连通收集集中处理两种方式，通过地表生态排水系统、生态建筑雨水回收、生活废水处理回用、生态浮岛净化等各种先进的水处理技术，向人们展示农村以及城市的水生态文明理念。

2. 四心

主要包括生态渔港、生态农场、水生态体验区、水生态观光区四个功能区。主要为满足渔船停泊、生态体验、江豚救助、休闲娱乐功能。

3. 两翼

包括生态渔村和国际水生态交流中心。主要为满足旅游住宿、餐饮、科研功能。

第六节 瑞昌市江家岭村

江家岭村位于瑞昌市南阳乡，大集体时代为公社园艺场。该村地处南阳与横立山两乡交接处，坐落于石门水库西南角（见图5-15）。村庄环境优美，横跨水库两岸，属南阳河江源头之位，两岸建有钢筋水泥大桥，可供车辆行人往返，桥下可通小型船只。

图5-15 瑞昌江家岭村部分风貌图（拍摄于江家岭村）

扫码看彩图

整个村庄交通便利，从杭瑞高速（瑞昌段）南阳出口处下高速，经南阳乡集镇二级公路直到库区，高速出口到库区仅6千米。村庄背依高山，且山势蜿蜒曲折，主要盛产瑞昌柑橘，种植柑橘土地达290多亩，人均超过1亩；另有小山竹种植，村民兼营竹篾产品制作。村民住房以二层小楼或江南常见的砖木结构的一层平房为主。当地气候宜人，库区水源极为丰富，长年不断。大坝经九江市水利局维修加固，库区水源已获得瑞昌市环保局批准，定为南阳水厂水源，供给周边四个乡镇，可灌溉下游两村落万余亩土地。库区常年清水养殖水产品，没有投放任何饲料，养有餐鱼、鲫鱼、鲤鱼、鳊鱼、青鱼、草鱼、甲鱼等品种。每到周末及节假日，当地及周边县市喜爱垂钓的人士慕名而来，饿了、累了可以在附近的农家乐吃饭休息，品尝村民从库区捕捞上来的鲜活鱼虾，别有一番情趣。库区可供人划船和游泳，每到柑橘收获的金秋时节，游客可上山亲自摘新鲜柑橘品尝，价廉物美，是馈送亲朋好友的佳品之一。

一、历史文化

唐朝大诗人元结晚年隐居南阳乡，开办学堂，免费行医，深受当地民众敬仰。元结去世后，当地村民为怀念他，修建“元公祠”，刻“敬像”，制作一面由百名剪纸姑娘剪出的百幅花图串连成的帐帘，人们称之为“百花帐”。元公祠坐北朝南，砖木结构，宽约12米，长约16.7米，分前后两重。中间是天井，东西各两侧各有一个耳门，天井用石板铺成，井底略带拱形，四周是长方形条石。

江家岭村如今已成为诗人、画家、摄影爱好者的休闲聚集之地，来访者无不夸赞其得天独厚的地理位置、天然精致的水墨仙境。每年都有来自武汉市、南昌市、南京市、合肥市等全国各地的游客，同时还有西班牙、委内瑞拉、意大利等国的留学生慕名而来。前来考察、投资的客商不断，大多是来自九江市、瑞昌市及湖北省的投资客商。江家岭村民风淳朴，村民世居于此，勤劳而富有智慧。村道都是由本地青石板铺就，拾级而上，站在村居二层小楼顶，极目远眺，库区水面粼粼，一条条小船悠然划去，随着小船双桨起飞，仿佛一把轻柔的梳子，将如绸缎般的水面波浪缓缓梳理开来，两岸的民居飘起袅袅炊烟，小狗的欢叫声、孩子的嬉戏声交织在一起，勾勒出一幅江南水乡水墨画，成为令人向往的地方，是现代人返璞归真的好去处。

二、旅游发展

充分保护江家岭风景名胜区优质的自然、文化景观资源和生态环境，真实完整地体现江家岭的风景审美和历史文化价值，体现人文与自然景观的有机融合是每一位江家岭村人愿望。目前江家岭村在环境容量允许的限度下，正在以合理适当的方式，优化利用风景资源，以实现保护与发展的良性互动。江家岭村以打造具有国家水准的生态民宿休闲度假旅游目的地为目标，依托当地资源，构建了集山水生态、古村文化于一体的立体化文旅体系。在这一体系中，江家岭村突出以山间茶盐道为主线，围绕“一汪

清水、一片梯田、一个古村、一道峡谷”四大核心景观，深挖自然与文化魅力。在此基础上，开发出了避暑度假、生态养生、户外拓展和文化体验等丰富的旅游功能，满足不同游客的多元需求，致力于为游客提供高品质的休闲度假新体验。

第七节 永修县易家河村

易家河村坐落在风景名胜区——庐山西海，是闻名全国的集温泉休闲、生态旅游为一体的柑橘之乡。先后荣获“全国造林绿化先进村”“全国民主法制示范村”“江西省文明小康村”，省、市、县先进基层党组织，“省先进村委会”“九江市‘十五’农村公路建设先进村”等光荣称号。

一、基本情况

易家河村地处赣北修河南岸，焦武公路穿境而过。易家河村有九组一林场，辖区面积36平方千米，全村柑橘种植面积4600余亩，年产量2千多万斤，年销售收入千余万元。

易家河村是远近闻名的“柑橘之乡”。全村以柑橘为龙头产业，多次参加全省无公害柑橘鉴评会，“宫川”“椪柑”荣获金奖，“尾张”荣获银奖，在中华名优果品展评会上，“尾张”荣获“中华名果”的称号。易家河村的柑橘远销北京、大连、哈尔滨、香港，并对外出口至马来西亚等国，深受国内外高层领导人的赞许。易家河村纯天然的生态柑橘观光园每年都吸引着无数国内外游客前来观光采橘，正可谓“一年好景君须记，最是橙黄橘绿时”。当漫山遍野都挂上沉甸甸的果实，四处飘散着芬芳的果香和花香，远方的客人徜徉在这片绿色的海洋里，亲手摘下枝叶丰满的果子，与村民一起分享丰收的甜蜜喜悦。

易家河村作为移民新村，是新农村建设的典范，1958年因兴建电站水库，政府将包括原柘林镇在内的库区中梁头地段改为施工队伍的生产生活基地，人口骤增至数万。因旧柘林镇址属柘林水库区，大部分土地被淹，镇人民政府和居民全部迁至现址，且柘林镇还有新安江水库的移民。不同时期不同地区移民的到来，形成了这里独特而丰富的移民文化。

二、资源特色

易家河村旅游资源异常丰富，极具开发潜力。境内橘林茂盛，林涛云海，风光无限，美不胜收。辖内有橘文化园区、移民新村、魏源墓等多处景区，有五千亩的生态橘林（见图5-16），有五万多亩的青山林海，有清凌凌的水、蓝莹莹的天，自然旅游资源可

谓得天独厚，人文旅游资源方面，易家河村是明朝尚书魏源墓和魏源衣冠冢的所在地。

图5-16　永修县易家河村柑橘采摘园图(拍摄于易家河村)

扫码看彩图

(一) 旅游资源类型丰富

永修县易家河村依江傍湖、锦绣河山、风光秀丽、人文荟萃。资源类型齐全，种类众多，囊括了8个主类、13个亚类、18个基本类，自然景观与人文景观相得益彰，人文历史与产业发展源远流长，民俗生态与多彩旅游相辅相成，资源规模大、资源丰度高，开发潜力巨大，组合度高。山江湖景尽收眼底，人文风情尽揽于怀。

(二) 物华天宝地负海涵

易家河村周边地脉资源丰富，背依云居山，面临庐山西海，山上植被葱郁，地下温泉蒸腾。拥有西海龙山、魏家山，柘林湖、修河、温泉，柑橘、竹林、各色鱼类等资源，其中龙山景色优美，魏家山资源丰富，万亩橘林，层层竹海。集气候、水体、生物、地貌等于一地，江河山水，风光霁月。

(三) 钟灵毓秀文脉悠长

易家河村文脉资源丰富，除了竹编、魏源墓遗迹、移民新村等物质载体，还有丫丫戏、渔文化、移民文化、橘文化、魏源文化、乡野文化等精神内涵。各种文化延伸出文化景观和文化产品，都是不可多得的高价值旅游资源。

(四) 业态多彩商旅风情

除了主体旅游类型乡村旅游外，易家河村还发展有智慧旅游、休闲旅游、体验旅游等旅游业态形式，开发出特色橘主题、竹主题旅游小吃，旅游纪念品，旅游节庆活动等特色旅游产品。

Note

三、农旅融合

易家河村是“中国乡村旅游模范村”、首批“全国乡村旅游重点村”“江西省旅游风情小镇”、4A级乡村旅游点。2020年，易家河村入选了“全国乡村特色产业亿元村”名单。

易家河村经过近些年的快速发展，尤其是前期柑橘产业的带动，在食、住、游等旅游要素的建设方面已经打下了一定基础，在民宿建设、柑橘采摘、生态旅游、农家乐等方面的基础设施已经较为完备。易家河村旅游业发展主要以观光、休闲、采摘为主，目前已初步形成以柑橘采摘为引领，餐饮、休闲、农特产品销售于一体的休闲农业旅游发展框架。易家河村已经成为生产发展、生活富裕、生态良好的示范村，科学发展、社会和谐的样板村。

经过十余年的发展，易家河村基本形成了一湖水、一桌饭、一棵树、一条溪、一口泉的产业发展态势。2020年全村年接待游客量近60万人次，餐饮、住宿、农家乐休闲旅游收入超过5亿元，“春登山、夏漂流、秋采摘、冬泡泉”的四季旅游格局基本形成。全村农民年人均纯收入达到3万元。

按照专家设计团队的规划设计理念，易家河村正在努力打造成为中国有影响力的橘文化旅游风情小镇，即通过规划建设，努力打造成为知名乡村度假旅游地、知名的橘文化旅游风情村、具有典型橘乡风情的橘文化旅游风情小镇，成为一条橘文化和人文与生态优美的景观线、丰富多彩的橘色风情线、乡风浓郁的文化线、体验多样的旅游线。打造成为既丰又专的旅游风情小镇，承载趣味橘园、移民记忆、廉政遗存、易村渔情、民俗文化等多方面内涵，包含果农体验、廉政教育、家风体验、渔乡感受、民俗歌曲、特色影视、多样商品体验等多种功能并以此构建旅游完整产业链，促进当地各产业融合发展。

本章小结

九江典型文化旅游村资源丰富，特色鲜明。武宁县长水村拥有优良的生态资源、独特的红豆杉基地，着力打造国内一流山水养生度假综合体；武宁县东山村融合移民文化和建筑风格，依托庐山西海，努力建设“滨湖第一村”；武宁县双新村立足高山特色，发展种植与旅游，成为经济生态双重效益的典范；庐山市桃花源村以山谷田园风光和历史文化为特色，吸引众多游客休闲度假；棠荫岛村作为鄱阳湖上的大型岛屿，融合渔家文化、宗教文化和历史文化，独具魅力；瑞昌市江家岭村以柑橘和小山竹产业著称，结合优美的自然环境，成为生态旅游热门目的地；永修县易家河村则以温泉休闲、生态旅游和柑橘产业闻名，丰富的旅游资源和人文历史底蕴使其成为旅游胜地。这些乡村各具特色，共同展现了文化旅游乡村的多样性和魅力。

通过学习本章，了解文化旅游村资源的独特性和多样性，认识如何通过保护和利用优势资源，实现文化与旅游的融合发展。同时，深刻体会乡村旅游在促进地方经济发展、提升村民生活水平以及传承弘扬传统文化的重要作用。

学习过程中，需要解决的问题包括如何把握旅游资源特色和优势、如何整合和利用这些资源，推动乡村旅游可持续发展、如何在旅游开发过程中保护乡村生态和文化遗产，实现经济效益和社会效益的双赢。

学习方法方面，建议首先，通过阅读文献和资料，了解各村旅游资源情况和历程；其次，通过实地考察和调研，亲身感受自然风光和人文氛围，与当地居民交流，了解他们的生活和需求；最后，结合所学知识和实际情况，进行案例分析和讨论，提出个人见解和建议，帮助乡村旅游更好更快发展。

一、复习题

1.武宁县长水村如何利用其生态优势发展旅游业？

2.庐山市桃花源村的自然风光和历史文化有哪些特色？

3.永修县易家河村的柑橘产业和旅游业如何结合发展？

4.根据本章内容，列举至少三个典型文化旅游村，并简述它们的特色。

二、思考题

1.分析九江地区典型文化旅游村如何平衡自然资源保护和旅游开发。

2.如何理解乡村旅游在促进地方发展和提升村民生活水平方面的重要作用？

3.思考九江地区乡村旅游的空间布局和发展策略对当地旅游业发展的影响。

4.你认为九江地区典型文化旅游村的成功经验对其他地区有何借鉴意义？

5.结合本章内容，探讨如何更好地保护和传承乡村文化，促进乡村旅游的可持续发展。

第六章
独特文化村

知者乐水，仁者乐山。

——孔子

学习目标

（一）知识目标

1. 掌握修水县双井村、德安县袁家山村、德安县义门陈村、永修县磨刀村等乡村的历史文化背景、主要人文景观和自然景观特色。

2. 了解黄庭坚故居、袁隆平科普教育基地、义门陈文化、磨刀村和陈家大屋的历史渊源及它们在当地文化中的地位。

3. 认识“双井绿”茶叶产业的传统与特色，以及在当地经济发展中的作用。

4. 理解乡村旅游与生态保护、文化传承之间的关系及其重要性。

（二）能力目标

1. 培养学生分析乡村旅游资源的能力，能够评估不同村落的旅游发展潜力。

2. 锻炼实地调查、访谈和数据收集技能，以便对乡村旅游进行深入研究。

3. 提升乡村旅游项目策划与设计能力，包括主题定位、产品开发和市场推广等方面的实战能力。

4. 培养解决乡村旅游发展实际中的问题的能力，如文化传承与保护、当地居民参与发展和利益分配等方面的问题。

（三）德育目标

1. 激发对家乡文化的热爱和自豪感，培养家国情怀，增强认同感和归属感。

2. 通过学习和传承中华优秀传统文化，提升个人文化素养和道德品质。

3. 强化文化遗产保护意识，认识到保护历史文化遗产对传承文明、促进可持续发展的重要性。

第一节 修水县双井村

修水县杭口镇双井村地处杭口镇东部，这里山奇水秀，美不胜收，面积约6平方千米，三面环山，一面临水，中间是一马平川的平地。双井村山清水秀、气候宜人，森林覆盖率高，素有“杭山拥翠、碧水扬波”的美誉。村内处处茂林修竹，古道幽径，人行其中，顿觉回归自然。在著名的“修江八景”中，双井村就有“双井访茶”“石矶钓月”“草径闲鹭”“十里秀水”四景，更有黄庭坚故居、山谷墓、明月弯、钓鱼台、上天梯、高峰书院、草茶堂等人文景观与自然景观交相辉映，构成了双井独特的自然美景和深厚的历史文化底蕴。2020年双井村被评为国家4A级景区（见图6-1）。

图6-1 修水县双井村民居图（拍摄于双井村）

扫码看彩图

一、双井现状

双井村充分利用自身独特的地理优势和区域优势，大力发展生态观光旅游。茶叶产业是双井村的特色产业，也是双井村的传统产业，茶树栽培和茶叶制作历史悠久，是闻名中外的名茶“双井绿”的原产地。山谷草茶在宋代即称“贡品”。双井村现有茶叶基地1500亩，茶苗良繁基地500亩。除主导产业茶叶外，草莓、蓝莓、葡萄等特色果业

Note

也蓬勃发展，有效地拓展了双井乡村旅游业。

自2017年以来，双井华夏进士村项目启动，该项目依据"一村一心，一带一街三园"的高标准规划理念，对双井1.4平方千米范围土地进行改造建设。包含沿河景观、市政、绿化及亮化工程，游客中心、名人故里商业街、诗书文化体验园、进士牌坊、上天梯、果蔬采摘园、茶田休闲园、古桥、生态停车场及双井码头等的建设，以及对诗书乡村、进士堂和高峰书院、黄庭坚故居、永思堂、农田茶园、村内道路、田间小道、现有民房等项目的改造（见图6-2）。

图6-2　修水县双井村风貌图（拍摄于双井村）

扫码看彩图

双井村已经完成景区道路、游客中心、民居风貌改造，黄庭坚故居，永思堂及沿河市政、绿化景观工程、进士堂及高峰书院布馆等工程建设。项目将进村道路扩宽改造为标准的旅游公路，并形成环线双向通行道路。对村内修河的河道进行治理并打造沿河景观，建设双井码头。改造农田、茶园和瓜果采摘园。完善村内各种小道，新建市政、绿化及亮化工程。新建标准停车场和旅游配套设施。拆除了空心房和危旧房，对村民民房进行风貌改造，打造出一条双井商业古街，按照仿宋风格高品位打造秀美乡村建设示范点，在全村范围进行了清除杂草、陈年垃圾等专项整治行动。

双井村在县委县政府和镇党委及镇政府的领导和支持下，按照"文化＋旅游＋扶贫"模式，改善旅游基础设施条件。一是加强保护，充分利用原有自然景观进行生态改造和建设，科学合理规划村庄建设，统筹山水田林河塘协调发展。大力实施绿化亮化工程，通道绿化及庭院主要以樟树、桂花树等为主，基本实现了"可绿化尽绿化"的目

标。二是整治环境,大力开展村容村貌整治,全村道路进行“白改黑”。高标准打造了虎形、岗上等新农村建设点,铺设沥青路面。三是改造茶园,扩建茶加工厂房。四是依托文化资源,建设了双井进士堂、魁星楼、高峰书院、黄庭坚故居、山谷墓等展览馆,取得良好的经济效益和社会效益。

二、进士之乡

在宋朝仅双井黄氏一族就有48名进士,其中5名官至尚书,一时间双井村人才荟萃,被传为佳话。如此多的进士集中出现在一地,不仅宋代罕见,自宋以后的中国历史上也是凤毛麟角。所以,双井村也被誉为“华夏进士第一村”(见图6-3)。

图6-3　修水县双井景区牌楼图(拍摄于双井村)

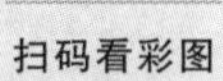
扫码看彩图

(一)进士家族

双井黄氏迁自婺州浦阳(今浙江金华市浦江县)。在双井黄氏家族兴盛过程中,黄赡的儿子元吉与他的两个孙子中理、中雅发挥了重要作用。尤其是中理,他重孝行道,重文讲理,制订《黄氏家规》,创办芝台、樱桃两所书院,书院教育和良好家风造就了大量人才,当时双井黄氏家族成为誉满江南的名门望族。黄中理的五个儿子和黄中雅的五个儿子都考中了进士。他们的名字都是单字且都带三点水旁,这也是希望他们能像修水县的母亲河修河一样源远流长。

在黄氏一族48位进士中有5位官至尚书,在黄中理的五个儿子和黄中雅的五个儿子中,做官最大的是黄灏,他做到了刑部尚书。黄湜是为黄庭坚的祖父,在58岁时才考

Note

中进士，比黄庭坚的父亲还要晚中进士。黄湜第三子——黄庭坚的父亲黄庶，生六子四女。他是当时著名诗人，他的代表作是《伐檀集》。四库全书总目曾这样评价黄庶的诗：江西诗派奉庭坚为初祖，而庭坚之学韩愈，实自庶倡之。黄庭坚生有一子黄相，而黄相生有六子，他们的名字都是以四点火为底，希望家族能欣欣向荣。

（二）黄庭坚故居

黄庭坚，字鲁直，号山谷道人，他的曾祖父黄中理制订了《黄氏家规》，并在修水创办芝台和樱桃两所书院。他的祖父和父亲都是当时的进士，在这种家庭氛围的影响下，他5岁便能诵读经史，7岁作《牧童诗》，22岁考中进士。后来又创立了影响极大的江西诗派。晚年客死于广西宜州贬所。北宋大观三年（公元1109年）由其学生苏伯固、蒋湋扶柩回归双井，安葬于此。其墓园由三部分构成：墓体、墓碑、陵园。墓前4柱3碑，中刻“宋谥文节黄山谷公墓”，两旁刻其传略。大门为牌坊式门楼，内置碑刻式屏风，外筑围墙，植以松柏。

其故居占地970平方米，为全木结构。在故居正门中央悬挂着“黄庭坚故居”大字行书匾额，是当代著名书法家、北大原校长周其凤先生亲笔为故居题写的，两旁的楹联便是苏轼举黄庭坚自代状中词句，是苏轼对黄庭坚最精准的评价，字里行间透露着苏轼对黄庭坚学问人品的赞许（见图6-4）。

图6-4　修水县双井村景区黄庭坚塑像图（拍摄于双井村）

扫码看彩图

黄庭坚一生勤政爱民，是从政为官的楷模；他忠诚贤孝，是做人处世的榜样；他诗书双绝，是治学从文的典范。他身上的中华优秀传统文化和艺术精华，影响激励了无数的文人学子。

黄庭坚以他几十年所见所闻，反复向儿孙们说明一个道理：家庭成员之间如果不能齐心协力、和睦相处必然会导致家族的衰败，家和则兴，不和则败。他认为，家族成员相处首先要以诚相待、宽容大度。在他40岁的时候，他的第三任妻室为他生下了儿子黄相，于是他便写下《家戒》，说到"无以小财为争，无以小事为仇""无以猜忌为心，无以有无为怀"。不要因为一点钱财就与人发生争执，不要因为一点小事就与人为敌；不要去猜忌别人，也不要常常在心里记挂着个人得失。从古至今，家庭和睦都是人们普遍重视的问题，尤其是在这种数世同堂、聚族而居的情况下更显得尤为重要。

（三）魁星楼

双井村的魁星楼，一楼供奉的魁星，也就是文曲星，主宰文运昌盛。所以许多学子在考试前都会来到魁星楼，登高许愿。二楼是修水宋后明贤展示厅，向我们展示了修水的一些著名的人物，如陈门五杰、一代帝师万承风、古琴大师查阜西等人，从这里可以清楚地了解到修水可谓是人才济济。三楼是观景台，可以看到整个双井的全貌（前方修河形状宛如一弯明月，被称为明月湾）。魁星楼占地面积300平方米，楼高21米。这里共有220级阶梯，因为黄庭坚在22岁时考中进士，而我们从小学读到博士一般也是需要22年的时间，所以这也称为步步高升梯（见图6-5）。

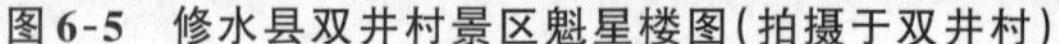
图6-5　修水县双井村景区魁星楼图（拍摄于双井村）

扫码看彩图

三、村落发展

依托黄庭坚故里,双井村的旅游事业发展逐步走上正轨。双井村精心打造山谷客舍民宿、杭山茶叶专业合作社、方天劳务公司,发展农业特色产业,成立了茶苗合作社、茶叶合作社、葡萄基地、蓝莓基地以及农业开发公司等。依托旅游带来的人流和资金流,村里开办了牛气冲天、双井农庄、山谷农庄、岗上农庄、黄婆土菜馆、双井酒店等农家乐,还有多家超市和小商店。

随着吃、住、行、游、购、娱等旅游要素的不断完善,元宵喜乐会、千人健步行、万人游茶品茗、端午粽趣节、全丰花灯和宁河戏表演、重阳节敬老、七夕浪漫趴、中秋游园会、万人绘国旗、状元游街、汉服节、书法文化进万家等一系列活动得以开展,双井村村民家庭收入增加的同时,精神生活也更加丰富多彩。双井黄庭坚故里这块金字招牌正在被不断擦亮,双井村经济和社会发展正走出铿锵有力的美好步伐。

第二节　德安县袁家山村

德安县袁家山村位于德安县河东乡,是德安县的东大门,距县城2.5千米,交通便利。袁家山村境内生态良好,山林茂密,田地众多,呈现出优美的生态田园景观。

一、院士故里

袁家山村为袁隆平院士故乡。袁隆平出生于1930年9月7日,是中国杂交水稻育种专家,中国研究与发展杂交水稻的开创者,被誉为“当代神农”。袁隆平院士的科研成果——杂交水稻,每年增产的粮食可以多养活7000万人,为解决中国人民的温饱和保障国家粮食安全做出了贡献。几十年来,他始终在农业科研第一线辛勤耕耘、不懈探索,运用科技手段战胜饥饿,带来绿色的希望和金色的收获。

江西袁家山科普教育基地占地面积400余亩,主要由隆平科普教育展览馆、科普教育接待中心、超级稻示范基地、生态植物园实践基地四个部分组成(见图6-6)。其中,隆平科普教育展览馆就是根据袁隆平院士回忆而建,占地1320平方米,建筑面积900平方米,为二层砖木建筑,三进“品”字天井砖石结构,有院墙庭院,中间建有花坛,两旁各种枣子树、柿子树一棵。分上下两层,第一层为袁隆平院士成就展,第二层为杂交水稻的发展历程及相关科普知识。2007年温家宝总理来袁家山时称此处为最美乡村,可依托这些资源打造名人文化。

图6-6　袁家山科普教育基地(无人机拍摄)

扫码看彩图

江西袁家山科普教育基地周边,有100亩高产超级稻试验田,为袁隆平院士无偿提供最新的科研品种。

此外,罗家垄水库周边有100亩桃树、杨梅树,还将种植赏花型猕猴桃树,而袁家山村村民农家小院的房前屋后都种有果树。村子产出的超级稻米、实竹笋、生态蔬菜、家禽家畜等农产品品类十分丰富。

二、乡村发展

袁家山村综合运用新理念、新思路和新方法进行旅游项目策划与设计,以“田园环境”深造、“乡愁意境”营造、“景观胜境”创造为主线,以袁隆平家乡和杂交水稻科普基地为切入点,以乡村生活体验、田园生态休闲为重点,把村子建成集田园观光、农业科普、文化体验、生态度假为一体的综合性乡村山水休闲度假景区(见图6-7)。

扫码看彩图

图6-7　德安县袁家山村游客服务中心图(拍摄于袁家山村)

Note

袁家山村以“隆平故里”“杂交水稻试验田”两大品牌和资源为核心，依托袁家山优美的田园环境，结合旅游市场需求特征，深入挖掘稻乡文化内涵，运用全新规划开发理念。通过合理区划、项目创新，村委将袁家山开发成综合性特色乡村休闲度假旅游地，重点开发一个核心主题和两个配套主题，即稻乡观光休闲核心主题，以及田园山水度假和生态农业体验两个配套主题。

“稻乡”是袁家山旅游发展的核心定位，依托杂交水稻基地、田园风光、民俗风情，重点开发稻乡观光休闲主题产品（见图6-8）。田园山水度假主题是指依托区内田园山水资源，针对中高端市场，开发乡村田园山水度假主题产品，从而优化景区主题。生态农业体验主题则是指通过增强稻乡观光休闲的参与性、体验性，开发出生态农业体验产品，其中包括农耕民俗体验、村民生活体验、果蔬采摘体验等项目。

图6-8　德安县袁家山村超级稻图（拍摄于袁家山村）

扫码看彩图

第三节　德安县义门陈村

义门陈氏的发祥地“义门陈村”，古称“江州义门陈”，位于德安县车桥镇（见图6-9）。江州义门陈拥有辉煌的历史、灿烂的文化，曾受到唐宋两朝七位帝王二十余次的表彰。历代名流如苏轼、黄庭坚、朱熹、岳飞、欧阳修、文天祥、寇准、吕端、晏殊等都曾慕名来游义门陈，并写下三百余首灿烂诗篇。

唐宋时期的义门陈家族，创造了3900余口、历15代、330余年聚族而居、同炊共食、和谐共处不分家的世界家族史奇观，是中国古代社会中人口多、文化盛、合居长、团结紧的和谐大家庭，成为古代社会的家族典范而名动朝野。义门陈氏忠义立家而家国一体，制定家法、撰立家范，对家族内部事务进行高效合理的管理，为古代乃至当今社会提供了可资效法的家庭管理样板，被誉为“天下第一家”。

图6-9　德安县义门陈村风貌图(拍摄于义门陈村)

扫码看彩图

一、义门陈文化

唐开元十九年(公元731年),义门陈始祖晋国公陈旺因官置产于江州德安县太平乡常乐里,陈旺及其子孙以孝道治家,至唐中和四年(公元884年)已是50余年不分家。唐僖宗感其义聚一堂,御笔亲赐"义门陈氏"匾额,并赐赠柱联:"九重天上旌书贵,千古人间义字香。"义门陈人用自己的勤劳、智慧演绎出一个真实的桃花源仙境,实践了儒家思想精华的大同世界,构建了"大道之行,天下为公"的古代和谐社会,成为人类社会文明与进步的历史典范。宋太宗赵光义敕题曰:"聚族三千口天下第一,同居五百年世上无双。"

宋至道二年(公元996年),钦差大臣秘阁内侍裴愈奉旨赐书义门陈,见到义门陈"八百头牛耕日月,三千灯火读文章"的农耕规模和崇义尚文的文明景象,欣然泼墨题赠:"天下第一家。"从此,江州义门陈——"天下第一家"成为奇观,流传于世,名扬四方。宋宰相寇准有诗赞曰:"文明魁天下,孝义盖乡闾。"义门陈氏,家风醇厚,大小知教,上下谦和,家无私财,人无贵贱,族产共有,诸事平等。家法严格规定:义门陈人不置仆,不纳妾,不赌博,不斗殴,不淫酒色,忠、义、孝、悌,谐同亲和。

义门陈在德安县常乐里这块神奇的土地上创造了一个令人向往的和谐社会:这里废除私有财产,实行公有制——"堂前架上衣无主,三岁孩儿不识母";这里团结和谐——"丈夫不听妻偏言,耕男不言田中苦"。被载入史册的"百犬同槽",就是一个世代传颂的奇迹:古义门陈村为看家护院养犬百余只,建百犬槽二丈余,每日鼓响,群犬悉至,"一犬不至,众犬不食",成为千古一绝。《中国姓氏通史》将义门陈"百犬同槽"称为"世界奇观"。

唐大顺元年(公元890年),为了代传孝义,世驾忠贞,义门陈第三任家长陈崇立"家法三十三条",随之又订"家范十二则""家训十六条"。义门陈家法、家范和家训取得了

修身齐家的决定性作用。自此，义门陈世守家法，诚奉家范，严依家训，忠孝传家，义风浩荡，成为闻名天下的德义之族、真良之家，该家法成为中国古代家族法规的典范，受到千秋赞誉。

陈崇在义门东佳山麓创办了我国古代最早的书院——东佳书院，成为历史上最早具有完备体制和较大规模的学校，早于庐山白鹿洞书院50多年。书院教学门类齐全，院舍建筑气势恢宏。建有“藏书楼”，号称“天下第一藏书楼”，是唐宋时期蜚声全国的藏书求学及游览胜地。义门陈“三宰相”“十八朝官”“二十九地方官”“五十八进士”“八文龙”“九才子”，就是这所书院的丰硕成果。根据《中国姓氏通史》，东佳书院培养出来登科举任官吏的人数到宋咸平四年（公元1001年）时已达430人之多，这是古代家族史上少有的文化现象。

江州义门陈的文明发达、和谐繁荣名动朝野，唐中和四年（公元884年）唐僖宗李儇御笔赞道：“金门宴罢月如银，环佩珊珊出凤阛。问道江南谁第一，咸称惟有义门陈。”宋真宗赵恒敕联赞曰：“三千余口文章第，五百年来孝义家。”宋宰相文彦博题诗《赞义门陈氏》：“御笔亲题灿锦霞，满村官职遍天涯。名垂万古应不朽，庆衍千秋丞相家。”北宋大学士黄庭坚游东佳书院，题赠：“义门流芳”。宋嘉祐七年（公元1062年），为了抑制义门陈氏“朝野太盛”危及朝廷，把义门陈作为封建家族的忠义样板分迁各地，教化天下，宋仁宗下诏，对义门陈实施大分析，将其分迁至全国72个州郡，144个县，分成大小291庄，散向全国各地，就这样义门陈结束了长达332年的聚族而居，结束了义门陈的繁华与昌盛（见图6-10）。江州义门陈终于被历史的尘烟所淹没，遗留下了“天下陈姓出义门”的千古传说。2008年，“义门陈文化”列入江西省省级非物质文化遗产。2020年12月，“义门陈家训传统”被列入第五批国家级非物质文化遗产推荐名录。

图6-10　德安县义门陈村纪念碑图（拍摄于义门陈村）

扫码看彩图

二、义门陈发展

“义门陈”是江西独具特色的文化世系，具有全国性的影响。义门陈文化实质上是建立在传统仁、义、礼、智、信道德观念上的家族文化体系，其中包括家族教育体系、家族管理体系、家族信仰体系等。因此，如何进一步活化义门陈文化，是义门陈村所面临的问题。以下给出三条建议。

（一）尽快注册“义门陈”系列文化商标

义门陈文化产业的发展，少不了培育义门陈文化品牌。尽快注册“义门陈”系列文化商标，抢注网络域名，以备将来“义门陈”系列文化产品发展之需。

（二）制定高质量的“义门陈文化旅游规划”

义门陈文化是江西乃至全国有标杆性的特质文化，其发展建设的立足点要高，所以要高位规划、统筹发展。这样可以避免目前低层次或无序的开发及对未来统一开发的阻碍。

（三）高标准“义门陈村”的旅游交通及配套基础设施

义门陈村通往国道有两个方向：一是从义门陈村经磨溪到德安县城可达105国道；二是从义门陈村到车桥镇可达316国道，可与庐山西海旅游区对接。在有配套基础设施的基础上，义门陈村应积极组织力量进行商业化运作，筹资、引资、招商，尽快完善旅游设施建设，使之达到国家4A级景区标准。

第四节　永修县磨刀村

永修县的三溪桥镇横山深处，有一个叫“磨刀”的小山村，风光秀丽，环境优美，是柘林湖畔的一颗璀璨明珠。关于磨刀村的得名有个传说。相传东晋时期，鄱阳湖大水蛟作怪，连年水灾，当时享有盛誉的道教天师许逊带着徒弟们诛杀水蛟。他铸剑磨刀的地方，后来就叫磨刀村（也称磨刀李村）。

一、历史文化

据《磨刀李氏大成宗谱》记载，磨刀村的李姓村民是李唐皇族的后裔，“磨刀李”由此得名。其始祖李衢是唐太宗李世民三儿子吴王李恪第十一世孙，唐昭宗李晔的随侍近臣，官居太子太傅。

李衢担任太子太傅时，大唐王朝已经走向了末路，名存实亡。天祐元年（公元904

年)正月,唐昭宗被当时最大的藩镇梁王朱温所控制。朱温杀掉宫里所有宦官,下令彻底毁掉长安的皇宫、百司衙门、宅邸和民舍,强逼唐昭宗及文武百官迁都洛阳。正月十一日,唐昭宗的车驾出发,昭宗夫妇乘一辆辇车逶迤而行。随行的中书令、各部尚书及王子皇妃等,或轿或马,更多的是步行。昭宗知道此去洛阳凶多吉少,在车驾行至陕西华县驻跸兴德宫时,屏退左右,只留李衢等几个宗室之臣。他对李衢说:"纥干山头冻杀雀,何不飞去生处乐?朕与诸卿,皆李氏血脉,此去洛阳,恐难保全。念大唐列祖列宗之传嗣,卿等不必随待,可各自逃生,以保李氏血脉而期来日。"在悲声中,李衢向昭宗辞别,趁乱带领弟弟李术等部分皇室宗亲,携着大唐皇族谱牒,辗转千里,寻找避难之所,最后来到永修横山深处,见此地四面环山,易守难攻,遂定居于此。而在李衢逃亡的那年,唐昭宗及李氏族人被朱温诛杀。

朱温政权覆灭后,磨刀李子孙才四处迁徙,开枝散叶。现在有300万李姓源自磨刀李,遍布世界各地,并出了不少名人,如宋朝李公懋、李燔、李成大,清朝的李凤翥、李凤彩家族,近代的李烈钧等。

磨刀村有一座祠堂——衢公祠,又称仙李蟠根祠。祠堂恢宏气派,门楣上镶着的"仙李蟠根"石匾现仍保存在磨刀村。祠堂进深15米,内有戏台、天井、厢房,还有供奉祖先牌位的供堂和家族聚会的厅堂。日军侵华战争期间,日本兵在祠堂旁边的山上兴建碉堡,把祠堂的木头拆掉当柴火,砖块用来盖碉堡,衢公祠因此被毁。

李衢去世后,家人遵照遗嘱把他安葬在磨刀村的老鼠尾山上。二十世纪七十年代,因柘林拦坝蓄水,李衢墓被淹。2007年初,鄱阳湖区域遭遇大旱,柘林湖水位大幅下降,李衢墓才重见天日。其墓葬十分考究,墓冢呈圆丘形,墓碑由青灰色条石垒成,有石板拼成的宽大祭台。墓前的三块墓碑一字排开,上面碑文因经年水浸,字迹模糊,只有居中一块墓碑上"大唐太子太傅李衢及裴夫人墓"的碑文隐约能辨。李衢墓的重现,为磨刀李氏的由来提供了重要的实物依据。

清代绘制的《衢祖肇迹磨刀图》明确记载了那时的磨刀村不但有磨刀石,还有磨剑泉、磨剑谷和万福寺。图上还注明了一条"吴楚通衢",是进出磨刀村的唯一通道。农历九月二十三日是李衢诞辰日。每年这一天,不少外迁族人,会回到磨刀村祭奠老祖宗李衢。这种习俗代代相传,成为当地的千年遗风。

磨刀村曾经有上磨刀村、中磨刀村、下磨刀村3个村,并外迁为400多个村庄。因为修建柘林水库,中磨刀村、下磨刀村被水淹没。上磨刀村保留了李衢墓(县级文物)、祠堂遗址,保有"仙李蟠根"牌匾,还有巨石雕琢的磨刀池,一块数百年的磨刀石铭,后改名为磨刀村。

二、未来发展

中国的传统文化以"家"为中心。"族内有家","族"是家庭的集合体,"家族"再往外扩展便为"宗族"。由于宗族类旅游景区有着丰富的文化内涵、民族特色和历史脉络,

不仅满足着现代游客“看门道”的需求，更激发出了一个新兴的宗族姓氏子孙“寻根旅游”市场。

（一）李氏祠堂

李氏文化是中国传统宗族文化的一朵奇葩，以其夺目耀眼的光彩闪烁在历史的天空。数千年来李氏族人叱咤风云，或开疆拓土，或艺压群芳，或文采飞扬，留下了不少家喻户晓的故事。他们的品格德行、思想言论传承着家族的传统，形成了李氏特有的家族文化。为弘扬中华李氏文化，秉承先祖精神，让李氏后裔勿忘吾祖，增强海内外李氏族人对磨刀李氏文化认同感，特倡议重建磨刀“仙李蟠根祠”。该村现已在全国磨刀李氏后裔支持下，成立了磨刀李研究会，还于2018年集巨资在村址处兴建了一座巨大的新祠堂（见图6-11）。

图6-11　永修县磨刀村李氏宗祠规划图

扫码看彩图

（二）品牌营销与传播

根脉文化是中华文化的重要组成部分，中华民族有“文化同源，姓氏同根”的基础，有落叶归根的“根脉”情结。磨刀村新兴的宗族类旅游景区在寻根文化品牌创建过程中已逐渐认识到品牌传播的重要性，并开始整合运用一些传播要素。磨刀李是李氏一支南迁后世居的地方，坐落在风景秀丽的庐山西海湖滨，可以通过影视传播、网络传播、活动传播等方式，创造“寻根”情结效应。

Note

第五节 修水县陈家大屋

陈家大屋亦称“凤竹堂”，位于江西省修水县义宁镇竹塅村，始建于公元1792年。陈家大屋为两栋相连的砖木结构房屋，青砖黑瓦，一字排开，似仰卧在青山的怀抱中。2013年陈家大屋被列为第七批全国重点文物保护单位（见图6-12）。

图6-12 修水县陈家大屋风貌图（无人机拍摄于陈家大屋）

扫码看彩图

一、建筑格局

陈家大屋前的场院左右两侧留存两块举人旗杆石和两座进士墩，据介绍，旗杆石为陈宝箴于 咸丰元年（公元1851年）中举后所立，进士墩上则刻有楷体“光绪己丑年主政陈三立”十个大字。陈家大屋分两部分，左边为乾隆年间陈宝箴祖父陈克绳所建，门上方“凤竹堂”三字为陈宝箴父亲所题。右边突出部分则为光绪年间陈宝箴所建。有房四十余间，包括官厅一个、堂前两个（见图6-13）。

图6-13　修水县陈家大屋鸟瞰图(无人机拍摄于陈家大屋)

二、名人故居

清末维新派著名人士、曾任湖南巡抚的陈宝箴,现代诗坛泰斗、同光体诗派领袖陈三立,现代画坛巨擘、中国漫画创始人陈衡恪,我国植物园之父陈封怀,以及中国现代著名历史学家、古典文学研究家、语言学家陈寅恪等均在此地出生(见图6-14)。他们被称为"陈氏五杰"。

扫码看彩图

扫码看彩图

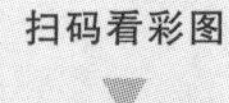

图6-14　修水县陈家大屋建筑图(拍摄于陈家大屋)

（一）陈宝箴

陈宝箴于清道光十一年辛卯(公元1831年)正月十八日生于今修水县竹塅村。道光三十年庚戌(公元1850年)入义宁州学读书,咸丰元年辛亥(公元1851年)试中举人。初在乡从父办团练,因率团练协助克复义宁州城有功,咸丰皇帝谕以知县后补,并尽先选用。1862年往安庆谒见两江总督曾国藩,被尊为上宾,1865年被保荐觐见皇帝,授予候补知府。1875年授辰、靖、永、沅道官职,光绪六年庚辰改官河北道,十六年庚寅任湖北按察使,二十年甲午(公元1894年)调直隶布政使,另年秋,升任湖南巡抚,一直到光绪二十四年戊戌(公元1898年)政变。被光绪帝称为"新政重臣"的改革者,系清末著名维新派骨干,地方督抚中唯一倾向维新变法的实权派风云人物。光绪二十四年(公元1898年)戊戌政变爆发,百日维新宣告失败,陈宝箴以"滥保匪人"被罢黜。光绪二十六年(公元1900年)去世。

（二）陈三立

陈三立是近代同光体诗派重要代表人物。陈三立为晚清维新派名臣陈宝箴长子,国学大师、历史学家陈寅恪和著名画家陈衡恪之父。与谭延闿、谭嗣同并称"湖湘三公子";与谭嗣同、徐仁铸、陶菊存并称"维新四公子",有"中国最后一位传统诗人"之誉。他于1886年丙戌科乡试中举,历任吏部行走、主事。1898年戊戌政变后,与父亲陈宝箴一起被革职。1937年发生"卢沟桥事变"后北平、天津相继沦陷,日军欲招陈三立,陈三立为表明立场绝食五日,不幸忧愤而死,享年85岁。

（三）陈寅恪

陈寅恪是中国现代著名的历史学家、古典文学研究家、语言学家、诗人,与叶企孙、潘光旦、梅贻琦一起被列为清华百年历史上四大哲人,与吕思勉、陈垣、钱穆并称为"前辈史学四大家"。1902年陈寅恪随兄衡恪东渡日本,入日本巢鸭弘文学院,因足疾辍学回国,后就读上海复旦公学;1910年自费留学,先后到德国柏林大学、瑞士苏黎世大学、法国巴黎高等政治学校就读。第一次世界大战爆发,他于1914年回国。1918年冬,再度出国游学,先在美国哈佛大学学习梵文和巴利文。1921年又转往德国柏林大学攻读东方古文字学,同时学习中亚古文字和蒙古语。在留学期间,他勤奋学习、积蓄各方面的知识而且具备了阅读梵、巴利、波斯、突厥、西夏、英、法、德八种语言的能力,尤以梵文和巴利文特精。回国后,他先后任职任教于清华大学、西南联大、广西大学、燕京大学、中山大学等学校。与当时最有名望的学者王国维、梁启超、赵元任等人共事,人称清华四大国学大师。他曾言:"前人讲过的,我不讲;今人讲过的,我不讲;外国人讲过的,我不讲;我自己过去讲过的,也不讲。现在只讲未曾有人讲过的。"他首次提出以"独立之精神,自由之思想"为追求的学术精神与价值取向。陈寅恪长期致力于史学研究工作,研究范围甚广,他对魏晋南北朝史、隋唐史、宗教史(特别是佛教史)、西域各民族史、蒙古史、古代语言学、敦煌学、中国古典文学以及史学研究方法等方面都作出了重要的贡献。

（四）陈衡恪

陈衡恪是我国著名的美术家、艺术教育家。他1902年东渡日本留学，1909年回国，任江西省教育司司长。从1911年至1913年，他受南通张謇之邀，至通州师范学校任教，专授博物课程。1913年又赴长沙第一师范学校任课，后至北京任编审员之职。先后兼任北京女子高等师范学校、北京高等师范学校、北京美术专门学校的教授。1923年9月为奔母丧回南京，不幸染病逝世，终年仅47岁。

（五）陈封怀

陈封怀是我国著名的植物分类学家，是中国现代植物园的主要创始人，被誉为“中国植物园之父”。他1926年毕业于东南大学，1934年至1936年为创建庐山植物园而留学英国爱丁堡皇家植物园。回国后，他陆续在庐山植物园、南京中山植物园、武汉植物园任职，晚年任中国科学院华南植物园主任，后任中国科学院华南植物研究所名誉所长。

三、文旅发展

近年来，修水县把旅游业作为转型发展、动能转换的战略选择，将文化旅游产业融合发展作为加快高质量发展重点工作之一，紧紧围绕黄庭坚、陈寅恪两座文化高峰，着手打造全国知名文化旅游城市。修水县已重点打造陈氏五杰之陈家大屋，重建四觉草堂、义学里，建设陈氏陵园（陈宝箴墓等）、小型植物园。完成对周边环境景观提升、河道治理、道路等改造工程，建设特色园林、五彩梯田；建设游客接待中心，完善景区交通路网及停车场、公厕等配套设施。此外，新增了陈氏文化纪念园，弘扬陈门五杰深厚文化底蕴和良好的家风家规家训。

本章小结

通过对修水县双井村、德安县袁家山村、义门陈村、永修县磨刀村及修水县陈家大屋的探索，领略江西丰富的历史文化和自然景观。双井村的“双井绿”茶叶、袁家山村的杂交水稻科普基地、义门陈村的家族文化、磨刀村的皇族后裔传说以及陈家大屋的陈氏家族辉煌，展示了深厚的文化底蕴和独特的地方特色。

通过实地考察、文献研究等方法，深入了解村落历史文化，同时培养家国情怀和文化自信，传承和弘扬中华优秀传统文化。

一、复习题

1. 修水县双井村的“双井绿”在当地经济发展中扮演了怎样的角色？请简述其重要

性和特色。

2.德安县袁家山村如何将袁隆平院士的科研成果与乡村旅游相结合？请描述科普教育和文化旅游方面的创新举措。

3.为什么义门陈村被誉为“天下第一家”？请从家族管理、家法家范等方面解释其成为古代家族典范的原因。

4.永修县磨刀村面临哪些发展机遇和挑战？请分析该村可持续发展方面的经验和策略。

5.修水县陈家大屋走出了哪些杰出人物？请列举其中两位，并简述他们在各自领域的成就和贡献。

二、思考题

1.对于修水县双井村这样的历史文化名村，你认为在保护和发展中应如何平衡当地居民的生活需求与游客的旅游体验？提出你的建议并说明理由。

2.德安县袁家山村作为杂交水稻的发源地之一，你认为该村在未来可以如何利用这一特色资源推动农业科技与乡村旅游的深度融合？

3.义门陈文化在现代社会中是否具有现实意义？请从家族观念、社会和谐等方面探讨其对当代社会的启示与影响。

4.针对永修县磨刀村这样的古村落，你认为应该如何制定有效的保护措施以确保其历史文化遗产不被破坏？同时，请提出促进该村可持续发展的建议。

5.陈家大屋作为一处全国重点文物保护单位，你认为在传承和弘扬陈氏家族文化的同时，应如何利用其资源开展公共教育活动和提升当地的文化软实力？

第七章
特色文化村镇塑造

经济建设和文化建设,好像一辆车子的两个轮子,相辅而行。

——周恩来

学习目标

(一)知识目标

1. 掌握特色文化村镇塑造的多样性目标,包括产业发展、人居环境、社会文化和生态环境等方面的具体要求。

2. 理解村镇资源整合与特色文化的重要性,如何将各种文化资源有机整合,形成独特的村镇文化。

3. 了解特色文化村镇传统与现代融合发展的路径。

(二)能力目标

1. 能够根据村镇的实际情况,制定合理的特色文化村镇塑造计划。

2. 具备整合村镇文化资源的能力,能够将文化元素与村镇现有资源有机融合,形成独特的村镇文化特色。

3. 能够运用所学知识,参与文化村镇的建设实践活动,包括公共基础设施建设、民居风貌改造、景观打造等。

(三)德育目标

1. 培养家国情怀,增强对特色文化村镇保护和传承的责任感和使命感。

2. 树立文化自信,通过对特色文化村镇的学习和实践,增强对中华优秀传统文化的认同感和自豪感。

3. 弘扬保护传承意识,积极参与特色文化村镇的保护和传承工作,为传承和弘扬中华优秀传统文化贡献力量。

第一节 特色文化村镇的目标塑造

一、产业发展目标

塑造特色文化村镇的产业发展目标，应立足实际，根据自身特色有计划、有目标地建设村镇，展现古镇、古村文化特色的历史文化传承定位的村镇，要保护文化设施、古代建筑、人文景观，科学合理地布局村镇空间。承担国家粮食生产和工业原料重要任务的农业产业支撑村镇，要重点抓好农业产业化发展，充分发挥城镇对农村的带动作用，实现以镇带农、以农兴村兴镇的良好局面，推动农村经济的繁荣发展。以创意性产业为主体的文创经济村镇，应寻求创新、科学、人性化设计等理念，深入挖掘文化内涵，打造具有独特魅力的文创产品和服务，提升村镇的文化影响力和经济竞争力。以一、二、三产业为主体的多元产业村镇，应积极促进产城融合发展，通过产业之间的协同合作，实现资源共享、优势互补，推动村镇经济多元化发展，提升村镇的综合实力。基于战略性新兴产业属性，有重大技术突破，在科技攻关中取得优异成果的战略新兴产业村镇，则应优先发展在技术革新、产业创新中有明显发展前景的产业[①]。

二、人居环境目标

塑造特色文化村镇的人居环境目标，应通过整村(镇)推进、连片示范，实现全域人居环境改善提升。全面完成美丽示范村创建任务，实现“面上开花”；同时，将重点村镇打造成为特色精品村镇。此外，通过推进公共基础设施建设及人居环境提升工程，可以充分挖掘、提炼传统民居建筑文化特点和特色建筑元素，进而提升村镇和农房设计水平。与此同时，要加强农村和农房建设管理工作，严格按照村镇规划和村镇总体风貌找准新建村镇的定位。在这一过程中，推进农房外立面改造、民居风貌修缮改造等工程。在此基础上，还要注意加强村镇建筑风貌引导，因地制宜地打造村镇口景观、红色景观、水体景观、道路景观、绿化景观、亮化景观、庭院景观、田园景观、旅游景观等九大景观，提升村镇整体风貌。

三、社会文化目标

塑造特色文化村镇的社会文化目标，应充分利用村镇在农民城镇化过程中的缓冲作用，这样既能降低农村人口的迁移和生活成本，又能为他们提供一个近距离观察和

① 姚震寰.吉林省特色小城镇产业发展探究[J].合作经济与科技，2021（13）：24-25.

融入城镇生活的窗口，为城乡融合提供过渡平台，减轻农村人口进入城镇的“适应不良综合征”。与此同时，加大村镇的生活性基础设施工程建设，不仅可以改善居民生活环境、提高生活质量，而且在提升村镇的形象和文化底蕴、扩大社会影响力等方面都会起到重要作用，在增加居民对村镇的向心力和凝聚力的同时，更有利于社会整合水平的提高①。

村镇建设所体现出来的民族信仰、理想追求、价值取向、人文模式和审美观念等，是一种关注人类命运和发展的理性态度和以人民为中心的主体精神。村镇发展的历史背景、进程和历史经验，历史文脉和文态，体现着文化传承的历史价值。融合于自然，与自然共生共存，实现和谐宜居，是村镇文化的追求和价值取向，也是实现人与自然建立命运共同体的价值体现。纵观我国村镇，从山水环境、村镇布局、街市面貌，到建筑形式与风格、院落组合，再到生活习惯和文化色彩等均不尽相同，各有各的村镇形象和风貌，这正是“和而不同”文化思想的实践展示，体现出我国传统思想文化的博大精深、创造能力和思想价值②。

四、生态环境目标

塑造特色文化村镇的生态环境目标，需要村镇在建设过程中一方面要重视工程建设过程的策划、决策、实施，另一方面要重视项目建设完工后的运维以及居民的实际生活环境。只有将生态环境作为建设发展中的关键环节，才能更好地实现当地生态的可持续性发展。而拥有良好的宜居环境，也是当地居民幸福指数的主要参考指标之一。政府要拆除村镇中的违法违章建筑，取缔带有排污性质企业的经营资质，杜绝其在区域内造成生态环境的破坏。政府层面也要考虑推动使用清洁能源，实现荒山绿化的系统行动，这样才能让当地居民拥有更加宜居的生态环境。

第二节　特色文化村镇的建设路径

一、整合文化资源，打造特色文化村镇

在打造特色文化村镇过程中，要首先确定自身的主题文化，一个村镇一个主题，要突出主题文化，彰显自身特色。要整合各种文化资源，使之成为一个有机整体。小镇文化是多元的，比如廉政文化、法治文化、红色文化、体育文化等，要在突出主题的同

① 张涛.小城镇的社会整合功能研究[J].工程研究—跨学科视野中的工程，2018，10（03）：266-275.

② 任致远.略论小城镇特色及其文化价值[J].小城镇建设，2021，39（07）：5-9.

时，实现各种文化有机融合，并将其简单、自然、和谐地融入村镇，使之与村镇的风格一脉相承。文化的浸润应“润物细无声”，在将文化融入村镇中时，要寓教于乐、寓教于物，将文化这块“美玉”镶嵌在美丽村镇，让群众在美中去领悟，在潜移默化中受教育。

二、培育精致精细、有品位和人性化的村镇文化

美丽乡村的核心在于“美”，而特色村镇文化则需做到精致、精细且富有品位。当精致与精细达到极致，便能给人带来与众不同的感受，这本身就是文化的一种彰显。

村镇建设需从细微之处着手，一砖一瓦的铺设、一草一木的栽培，都应精心考量，力求处处体现文化内涵。文化的呈现形式无须繁杂，简洁质朴即可。往往细节之处最能触动人心，一张桌子、一把椅子或是一件装饰品，只要在细节上精雕细琢，独特的品位自然就会展现出来。

同时，村镇建设要充分关注人性化需求，运用最前沿、最时尚的方式，为人们营造更便捷、更舒适的环境。比如，在村镇的合适位置放置造型独特的长凳，让疲惫的游客能随时休憩；在游览景点设置手机充电站，解决游客手机电量不足的困扰；提供免费无线网络，方便游客随时与外界保持联系；配备免费自行车，方便游客自由穿梭于村镇之间，深度感受乡村风光。这些看似微小的举措，既包含物质层面的便利，又蕴含着深厚的文化关怀，都能让人们切实感受到美丽乡村的“美”。

三、实现传统与现代的结合

传统，是历史长河中沉淀下来的传承脉络，而文化传承的根基在于尊重民意与民俗。农民作为村镇的主人，他们的意愿是建设特色村镇的基石。建设特色村镇，务必要将尊重农民意愿放在首位，只有农民真正认可并参与其中，村镇建设才能拥有源源不断的内生动力，其成果也才能真正符合村镇发展的需求。

民俗，是极具个性化的文化瑰宝，承载着一方水土的独特记忆。对民俗和习惯的尊重，是对文化多元性的珍视。然而，尊重并非意味着因循守旧、故步自封。在尊重民俗的基础上，我们更应积极引导群众与时俱进，勇敢地拥抱新时代，让古老的民俗在新时代的浪潮中焕发出新的活力。

现代，意味着时尚与创新。“乡村风情、城市品质”这一理念，巧妙地将传统与现代融合。“乡村风情”着重唤起人们对乡村的记忆，展现田园风光的悠然与宁静，那是对乡土文化的深情眷恋；“城市品质”则聚焦于现代元素，通过引入现代化手段，为村民提供便捷、高效的生活体验。

我们不仅要将乡村风情与城市品质相结合，更要秉持开放的态度，积极汲取世界最前沿、最时尚的成果，为我所用。真正做到“不忘本来，吸收外来”，让传统与现代在碰撞交融中，塑造出兼具历史底蕴与时代活力的特色村镇，使其在新时代的发展浪潮中独树一帜。

四、推动特色村镇文化传播

实现特色村镇文化的有效传播，选好载体至关重要。比如，为每个美丽村镇量身定制一首独具个性的村（镇）歌。村（镇）歌的创作应贴近百姓生活，用老百姓自己的语言，讲述老百姓身边的故事。文艺源于生活且服务于人民大众，其生命力就蕴含在人们的日常生活之中。因此，可鼓励创作更多展现美丽乡村建设的文艺作品，以此丰富村镇文化的内涵，让文化更具生活气息与感染力。

在当下，微信平台是文化传播的有力工具。我们应精心打造精品公众号，利用其传播村镇文化。通过这些公众号，全方位展示村镇的自然风光、人文历史、特色产业等内容，吸引越来越多的人了解村镇，进而走进村镇，为村镇带来旺盛的人气，激发村镇发展的活力。

围绕特色文化主题，要善于挖掘"小活动、大宣传"以及"小角度、大文章"的潜力。积极策划并组织各类富有特色的文化活动，如民俗节、丰收节等，从细微之处入手，挖掘文化深度，为媒体传播提供丰富且优质的文化素材。借助互联网、新媒体等现代传媒手段，将村镇文化以图文、视频、直播等多种形式广泛宣传出去，拓宽传播边界，扩大村镇文化的辐射范围。

此外，还需大力打造特色文化载体。除了村（镇）歌、微信公众号、文化活动外，还可以通过建设村镇文化博物馆、开发特色文创产品、举办文化艺术展览等多种形式，多维度展示村镇文化的独特魅力，全面提升村镇在社会各界的影响力，让特色村镇文化在更广阔的舞台上绽放光彩。

本章小结

本章主要探讨了特色文化村镇塑造在经济建设和文化建设中的重要作用。通过产业发展、人居环境、社会文化和生态环境四个目标的建设，形成特色鲜明、具有文化内涵和独特魅力的村镇。整合文化资源、凸显特色文化，以及品位村镇建设是特色文化村镇塑造的关键路径。

在特色文化村镇的塑造过程中，要注重产业创新、人居环境的改善、社会文化的融合以及生态环境的保护。同时，需要解决的问题包括如何有效地整合村镇文化资源，如何保持村镇传统的同时与现代元素更好地融合发展，如何提升村镇的整体风貌和文化底蕴等。

学习方法上，应结合实际案例进行分析，深入探讨特色文化村镇建设的实践经验和创新思路，为未来的村镇发展提供参考和借鉴。通过本章的学习，可以帮助学生更加深入地理解特色文化村镇塑造的重要性和方法，为推动我国村镇建设的可持续发展提供有力支持。

一、复习题

1.深入解析特色文化村镇塑造的核心理念。在此基础上,分析如何通过具体策略来实现村镇的经济发展与文化传承的双赢。

2.根据本章的描述,阐述特色文化村镇在推动城乡融合发展中的作用。

3.探讨特色文化村镇塑造中如何有效整合和利用各种文化资源,特别是那些看似普通但却具有深厚历史文化内涵的资源。

4.请简述本章中提到的特色文化村镇塑造的主要目标是什么。这些目标如何体现出村镇的传统文化和现代元素的融合?

5.请列出并解释本章中提到的几种不同类型的村镇(如历史文化传承定位的村镇、以农业产业化为主的村镇、以创意性产业为主体的文创经济村镇等),并讨论它们各自在特色文化村镇塑造中的作用。

二、思考题

1.如何平衡保护传统文化和满足现代生活需求的关系?

2.在特色文化村镇塑造过程中,如何充分尊重农民的意愿和民俗习惯,同时又能引领他们走向现代化,享受现代生活的便利?

3.请以你所在地区的某个村镇为例,分析其特色文化村镇塑造的潜力和可能性,提出你的建议和展望。

4.在特色文化村镇的塑造过程中,如何处理好经济发展与环境保护之间的关系?请提出具体的策略或模式,并说明其可行性和可能面临的挑战。

5.针对当前一些特色文化村镇在发展中出现的“同质化”现象,你认为应如何避免并突出每个村镇的独特性?请提出你的创意和建议。

6.以具体的案例为基础,分析成功塑造特色文化村镇的经验及其可推广性。同时,也请探讨在推广过程中可能需要注意的问题和应对策略。

Note

参考文献

References

[1] 张吉福.特色小镇建设路径与模式——以山西省大同市为例.中国农业资源与区划,2017,38(1):145-151.

[2] 江苏省小城镇研究课题组.小城镇,大问题[M].南京:江苏人民出版社,1984.

[3] 杨晗.黑龙江省少数民族特色村镇建设浅析——以富裕县东塔哈村为例[J].黑龙江民族丛刊,2016(05):131-136.

[4] 江芳,郑燕宁.基于新型城镇化建设的广东古村镇传统文化的传承性设计研究[J].艺术教育,2017(16):251-252.

[5] 赵辉.基于生态发展理念的新型村镇社区建设[J].低碳世界,2017(09):157-158.

[6] 王磊,刘圆圆,任宗悦,颜蔚.村镇建设与资源环境协调的国外经验及其对中国村镇发展的启示[J].资源科学,2020,42(07):1223-1235.

[7] 于光玉,李勤,程伟.乡村振兴视角下宜居村镇建设策略研究——以山东省淄博市双杨镇为例[J].西安建筑科技大学学报(社会科学版),2019,38(04):44-49.

[8] 石运达,李宪锋.基于创建新型村镇思路的苏南传统村落规划研究[J].南京艺术学院学报(美术与设计),2019(04):205-208.

[9] 赖斌,杨丽娟,李凌峰.精准扶贫视野下的少数民族民宿特色旅游村镇建设研究——基于稻城县香格里拉镇的调研[J].西南民族大学学报(人文社科版),2016(12):154-159.

[10] 闫凤英,付孟泽,林建桃.现代村镇建设中新型人地关系的重构与协调机制研究[J].北京联合大学学报(人文社会科学版),2020,18(1A):78-83.

[11] 邹德慈,王凯,谭静,马克尼.新型城镇化背景下的我国村镇发展规划策略[J].中国工程科学,2019,21(02):1-5.

[12] 董巧平.加快村镇建设的路径探索[J].中共山西省委党校学报,2018,41(01):67-69.

[13] 关学升.新型城镇化背景下村镇规划方案设计思路[J].现代商贸工业,2016,37(14):135-136.

[14] 丁全坤.研究中国新型城镇化村镇建设的整体格局[J].科技展望,2016,26(03):243.

[15] 屠爽爽,龙花楼,李婷婷,戈大专.中国村镇建设和农村发展的机理与模式研究[J].经济地理,2015,35(12):141-147+160.

[16] 张永姣,曹鸿.基于"主体功能"的新型村镇建设模式优选及聚落体系重构——藉由"图底关系理论"的探索[J].人文地理,2015,30(06):83-88.

[17] 张鑑,赵毅.基于新型城镇化背景的镇村布局规划思考[J].江苏城市规划,2015(01):6-13.

[18] 刘彦随,陈聪,李玉恒.中国新型城镇化村镇建设格局研究[J].地域研究与开发,2014,33(06):1-6.

Note

教学支持说明

高等院校应用型人才培养“十四五”规划旅游管理类系列教材系华中科技大学出版社“十四五”规划重点教材。

为了改善教学效果，提高教材的使用效率，满足高校授课教师的教学需求，本套教材备有与纸质教材配套的教学课件和拓展资源（案例库、习题库等）。

为保证本教学课件及相关教学资料仅为教材使用者所得，我们将向使用本套教材的高校授课教师赠送教学课件或者相关教学资料，烦请授课教师通过邮件或加入旅游专家俱乐部QQ群等方式与我们联系，获取“电子资源申请表”文档并认真准确填写后发给我们，我们的联系方式如下：

地址：湖北省武汉市东湖新技术开发区华工科技园华工园六路

邮编：430223

E-mail：lyzjjlb@163.com

旅游专家俱乐部QQ群号：758712998

旅游专家俱乐部QQ群二维码：

群名称：旅游专家俱乐部5群
群　号：758712998

电子资源申请表

填表时间：________年____月____日

1. 以下内容请教师按实际情况写，★为必填项。
2. 根据个人情况如实填写，相关内容可以酌情调整提交。

★姓名		★性别	□男 □女	出生年月		★职务	
						★职称	□教授 □副教授 □讲师 □助教
★学校				★院/系			
★教研室				★专业			
★办公电话		家庭电话				★移动电话	
★E-mail （请填写清晰）						★QQ号/微信号	
★联系地址						★邮编	

★现在主授课程情况		学生人数	教材所属出版社	教材满意度
课程一				□满意 □一般 □不满意
课程二				□满意 □一般 □不满意
课程三				□满意 □一般 □不满意
其　他				□满意 □一般 □不满意

教材出版信息		
方向一		□准备写 □写作中 □已成稿 □已出版待修订 □有讲义
方向二		□准备写 □写作中 □已成稿 □已出版待修订 □有讲义
方向三		□准备写 □写作中 □已成稿 □已出版待修订 □有讲义

请教师认真填写表格下列内容，提供索取课件配套教材的相关信息，我社根据每位教师填表信息的完整性、授课情况与索取课件的相关性，以及教材使用的情况赠送教材的配套课件及相关教学资源。

ISBN（书号）	书名	作者	索取课件简要说明	学生人数 （如选作教材）
			□教学 □参考	
			□教学 □参考	

★您对与课件配套的纸质教材的意见和建议，希望提供哪些配套教学资源：